메타버스
교육백서
3권

메타버스 게임과 만나다
⟨ 로블록스, 마인크래프트 에듀케이션 편 ⟩

메타버스 교육백서 3권

메타버스 게임과 만나다 〈로블록스, 마인크래프트 에듀케이션 편〉

초판인쇄　2022년 2월 22일
초판발행　2022년 3월 1일
저　　자　김규섭 강준철 김민정 김영철 송기진 양진영
　　　　　어성우 오은솔 우인숙 정 웅 조창호 한 솔
감　　수　김주현

부록 및 교육지도안 제공 문의 (http://edudavinci.net)
공주대학교 기술지주 자회사 (주)에듀밋
전　　화　041) 855-3140

펴 낸 곳　지오북스
등　　록　2016년 3월 7일 제395-2016-000014호
전　　화　02)381-0706 | 팩스 02)371-0706
이 메 일　emotion-books@naver.com
홈페이지　www.geobooks.co.kr

ISBN　　　979-11-91346-33-6
값 25,000원

메타버스 교육백서

3권

메타버스 게임과 만나다
〈 로블록스, 마인크래프트 에듀케이션편 〉

머릿말

"21세기가 요구하는 것은 창의적인 인재를 키우는 것이다. 급속하게 진행되는 기술 변화에 비해 사회와 제도는 이를 따라잡지 못하고 있다. 이 때문에 사회 전반을 변화시킬 수 있는 교육시스템을 개혁하는 것이 무엇보다 절실히 요구된다."

-앨빈 토플러-

'4차 산업혁명'과 '인공지능'에 이어서 등장한 미래핵심기술을 대표하는 키워드는 무엇일까요? 바로 '메타버스'일 것입니다. 정부에서는 2022년 1월 '메타버스 신산업 선도전략'을 발표하고 2026년까지 세계 5위 메타버스 선도국이 되겠다고 공표할 만큼 메타버스는 우리 삶에 커다란 변화를 가져올 것으로 예상되고 있습니다.

그렇다면 메타버스란 무엇일까요? 메타버스가 무엇인지 정의하기 위해 많은 이야기가 논의되고 있지만, 아직 개념적 정의나 범위가 명확하지는 않습니다. 그러나 쉽게 말씀드리면, '가상과 현실이 융합된 공간에서 사람과 사물이 상호작용하며 경제, 사회, 문화적 가치를 창출하는 세계(플랫폼)'라고 볼 수 있습니다. 메타버스는 5G통신기술의 발달, 4차산업혁명, 인공지능 등과 연계되어 부각되다가 코로나19로 인해 비대면(온라인, 원격) 생활이 일상화된 지금, 미래사회의 패러다임을 바꿀 핵심기술로 인정받고 있습니다.

이러한 흐름 속에서 메타버스는 교육, 엔터테인먼트, 금융, 정치 등 우리 삶의 여러 분야에 영향을 미치고 있습니다. 이미 선진국에서는 교사 중심의 수업에서 벗어나 메타버스를 활용한 학생 중심의 체험학습으로 교수학습구조가 변화되고 있습니다. 이런 교육패러다임의 변화 속에서 교사들은 학생들의 미래핵심역량과 적응력을 키우기 위해 메타버스를 적극 활용해야 할 것으로 보입니다.

메타버스라는 단어가 아직은 생소하게 느껴질 수 있겠지만, 이미 알게 모르게 우리는 메타버스와 가깝게 지내고 있습니다. 비대면 수업, 화상회의가 아주 친밀해진 현재, 우리 교육현장도 빠르게 변화해야할 필요가 있습니다.

그렇다면 학교현장에서 사용 가능한 메타버스 플랫폼에는 무엇이 있을까요? 어떻게 메타버스를 수업에 적용할 수 있을까요? 이 고민에 대한 답은 바로 <메타버스 교육백서>에 있습니다.

총 4권으로 구성된 <메타버스 교육백서>는 다음과 같이 구성되어 있습니다.

1권. 메타버스 교육과 만나다

2권. 메타버스 공간과 만나다

3권. 메타버스 게임과 만나다

4권. 메타버스 플랫폼과 만나다

메타버스의 개념부터 메타버스가 도입될 미래 교육, 증강현실AR과 가상현실VR, 라이프로깅, 거울세계, 메타버스 윤리 등 어렵게 느껴지는 메타버스 관련 용어를 쉽고 자세하게 설명하고 있습니다. 또한, 학생들이 좋아하는 마인크래프트, 로블록스, 제페토, 코스페이스 에듀 등을 비롯하여 최근에 핫한 게더타운, 이프랜드까지, 메타버스 플랫폼이 어떻게 교육에 활용되는지 12명의 현직교사의 친절한 설명으로 이해하기 쉽게 풀어놓았습니다. 또한, 독자분들의 연수/강의와 수업을 돕기 위해 구글 프레젠테이션과 유튜브 동영상을 개발하여 함께 탑재하였습니다.

메타버스 플랫폼들이 시대의 흐름을 선도할 만큼 빠르게 변화할 것으로 예상됩니다. 우리 집필진들은 이러한 변화를 빠르게 반영하여 유튜브(채널명: 공부하자com)와 네이버 카페(https://cafe.naver.com/studyhajacom)를 통해 독자 여러분들에게 끊임없이 추후 서비스를 제공해드릴 예정입니다. 또한 지금 이순간에도 새로운 메타버스 플랫폼이 개발되어 공개되고 있습니다. 더욱 발전된 형태의 메타버스 플랫폼을 독자여러분에게 보여드리기 위해 메타버스 교육백서는 시리즈로 여러분과 함께 할 것입니다.

<메타버스 교육백서>는 여러분께서 미래교육을 실천하는 '첫 번째 펭귄'이 될 수 있도록 뒤에서 돕고자 합니다. 메타버스라는 새로운 흐름에 대해 두려워하지 말고, 당당하게 받아들여 발전하는 우리가 되어야 할 것입니다. 그것이 우리의 미래세대를 키우는 교육자로서의 사명이며, 우리 아이들을 위한 책무이지 않을까 싶습니다.

이 책을 발행하기까지 고생하신 집필진과 관계자 여러분, 그리고 읽어주시는 독자님들께 감사의 말씀을 올립니다.

2022년 2월 21일

집필진 일동

 # 목차

<챕터1> 마인크래프트 에듀케이션 활용 교육 준비하기

01. 마인크래프트를 알아보자! ·· 4
02. 마인크래프트 에듀케이션을 알아보자! ·· 6
03. 마인크래프트 에듀케이션 수업 전 이것만은 준비하자! ···················· 7

> 누구나 다 아는, 한 번 쯤은 해보았을 게임, 마인크래프트 에듀케이션!

<챕터2> 마인크래프트 에듀케이션 활용하기

04. 마인크래프트 에듀케이션 기본 사용법을 알아보자! ······················· 20
05. 마인크래프트 에듀케이션에 나만의 농장을 만들어보자! ················ 33
06. 마인크래프트 에듀케이션 메타버스 활용 교육! 초·중등수업, 이렇게 해보세요! ·· 37

 누구나 다 아는, 한 번 쯤은 해보았을 게임, 마인크래프트 에듀케이션!
구글 슬라이드

<챕터3> 마인크래프트 활용 마을교육 준비하기

01. 공세리성당 메타버스와 교육과정을 연계하자! ································ 42
02. 공세리성당 메타버스 제작 준비하자! ·· 46
03. 공세리성당을 메타버스로 만들어보자! ·· 47

> 마인크래프트 메타버스 타고 떠나는 흥미진진 역사여행!

<챕터4> 게이미피케이션과 융합한 마인크래프트 메타버스 활용하기

04. 공세리성당 메타버스와 게이미피케이션을 알아보자! ···················· 56
05. 공세리성당 메타버스에 게임요소를 넣어보자! ······························· 59

 마인크래프트 메타버스 타고 떠나는 흥미진진 역사여행!
구글 슬라이드

<챕터5> 마인크래프트 에듀케이션을 초등 수업에 활용하기

01. 태양계와 행성(과학) 수업에 활용하자! ·· 81
02. 직육면체의 겉넓이와 부피(수학) 수업에 활용하자! ······················· 86
03. 쌓기나무(수학) 수업에 활용하자! ··· 91

<챕터6> 마인크래프트 에듀케이션을 중등 수업에 활용하기

04. 주기율표와 화합물(과학) 수업에 활용하자! ··································· 96
05. 실전 텍스트 코딩! 파이썬 프로그래밍(정보) 수업에 활용하자! ······ 101

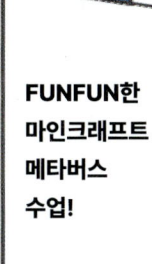

FUNFUN한 마인크래프트 메타버스 수업!

FUNFUN한 마인크래프트 메타버스 수업!
구글 슬라이드

<챕터7> 로블록스 활용 교육 준비하기

01. 로블록스를 알아보자! ·· 110
02. 로블록스를 설치해보자! ··· 112
03. 스마트폰으로 로블록스에 접속해보자! ······································· 118

<챕터8> 로블록스 활용하기

04. 템플릿으로 빠르게 게임을 만들자! ·· 123
05. 티셔츠부터 차근차근! 나만의 아이템을 만들자! ························· 133
06. 로블록스 활용 교육! 초·중등 수업, 이렇게 해 보세요! ················ 136

유저들이 만들어나가는 샌드박스 메타버스! 로블록스!

유저들이 만들어나가는 샌드박스 메타버스! 로블록스!
구글 슬라이드

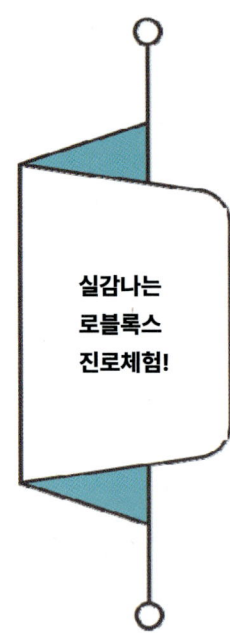

<챕터9> 로블록스 활용 직업 체험하기
01. 'City Life' 속 직업을 체험하자! ·· 140
02. 'Brookhaven' 속 직업을 체험하자! ··· 148
03. 'Livetopia' 속 직업을 체험하자! ··· 155

<챕터10> 로블록스 스튜디오 활용하기
04. 공동작업환경구성으로 함께 플랫폼을 제작하자! ······················ 161
05. 로블록스로 직업박람회를 개최하자! ··· 166
06. 로블록스 활용 진로교육! 초·중등 수업, 이렇게 해 보세요! ········· 176

 실감나는 로블록스 진로체험!
구글 슬라이드

<챕터11> 로블록스 활용 안전 교육하기
01. 자전거 안전체험 메타버스 '따릉이'을 알아보자! ························ 180
02. '따릉이' 자전거 실기시험을 체험하자! ······································· 185

<챕터12> 로블록스 활용 화재대피 훈련하기
03. 로블록스 스튜디오로 화재대피훈련 세트장을 만들자! ················ 189
04. 가상 화재대피훈련을 실시하자! ·· 195
05. 로블록스 활용 안전교육! 초·중등 수업, 이렇게 해 보세요! ········· 205

 현장감 넘치는 로블록스 안전체험!
구글 슬라이드

메타버스 교육백서 시리즈

1권 메타버스, 교육과 만나다

- 아이들의 [오늘]에 [내일]을 선물해주세요.
- 메타버스 시대, 우리는 무엇을 준비해야 할까요?

2권 메타버스, 공간과 만나다

- eye-opening! 아이들에게 새로운 경험을 선사해주세요.
- VR, AR, 코스페이시스 에듀와 함께 미래 세상을 꿈꿔볼까요?

3권 메타버스, 게임과 만나다

- 교실만이 교육공간일까요?
  아이들이 있는 곳으로 함께 들어가볼까요?
- 게임리터러시 교육, 이 책으로 꽃 피워볼까요?

4권 메타버스, 플랫폼과 만나다

- 제페토, 이프랜드, 게더타운 등 메타버스 플랫폼 전성시대!
- 비대면 교육의 갈피를 잡다. 메타버스 플랫폼을 만나다!

메타버스 교육백서 도서구입 후 혜택

공부하자.com 카페의 출판 시리즈 메타버스 교육백서 게시판에 구글 슬라이드와 유튜브 영상들이 있고, 권별로, 또는 단원별로 볼 수 있다. 책을 구입한 것을 가지고 사진과 함께 **등업요청 게시판**에 올리시면 인증을 해줍니다.

누구나 다 아는,
한 번 쯤은 해보았을 게임,
마인크래프트 에듀케이션!

CHAPTER 01

마인크래프트 에듀케이션
활용 교육 준비하기

01. 마인크래프트를 알아보자!
02. 마인크래프트 에듀케이션을 알아보자!
03. 마인크래프트 에듀케이션 수업 전 이것만은 준비하자!

01 마인크래프트를 알아보자!

마인크래프트는 Mojang 스튜디오에서 2011년에 정식 발매한 샌드박스 형식의 비디오 게임입니다. 마인크래프트의 영문명은 MineCraft, 채광(Mine)과 제작(Craft)이 주된 활동이며, 모든 것이 네모난 블록으로 이루어진 메타버스 세계에서 혼자 또는 함께 생존하면서 건축, 사냥, 농사, 채집, PvP, 탐험, 회로 설계 또는 직접 가상현실이나 게임을 제작할 수 있습니다. 이 가상현실 안에서 어떤 미션과 스토리를 부여할 수도 있지만, 기본적으로 자유롭게 플레이를 할 수 있습니다.

마인크래프트의 메타버스는 넓은 스테이지가 주어집니다. 플레이어가 게임의 콘텐츠를 만들 수 있는 범위는 헤아릴 수 없습니다. 마인크래프트의 맵을 현실세계에 옮기면 지구의 8배 넓이로 수치화할 수 있다고 하는데요, 마인크래프트를 개발한 사람도, 또는 마인크래프트의 월드를 개발한 사람도 플레이어가 마인크래프트 메타버스에서 어떻게 할지는 전혀 예측할 수 없을 정도입니다.

이러한 마인크래프트의 무궁무진한 발전가능성을 보고 마이크로소프트사(이하MS)가 2014년 Mojang사를 인수했고, 현재는 마이크로소프트가 운영하고 있는 메타버스 플랫폼입니다. 전 세계적으로 인기가 있고, 오래된 메타버스 플랫폼이기 때문에 학생들 대부분이 알고 있다는 것이 매우 큰 장점입니다.

*출처(공식홈페이지에서 다운받기 바람):
http://www.itdaily.kr/news/articleView.html?idxno=77563

METAVERSE
상상이 현실이 되는 곳

*출처(공식홈페이지에서 다운받기 바람):
https://namu.wiki/w/%EB%A7%88%EC%9D%B8%ED%81%AC%EB%9E%98%ED%94%84%ED%8A%B8/%EC%97%90%EB%93%80%EC%BC%80%EC%9D%B4%EC%85%98%20%EC%97%90%EB%94%94%EC%85%98?

마인크래프트는 오래전부터 개발되어 이용되었기 때문에 여러 버전이 있습니다. 그 중 전 세계적으로 가장 유명한 것은 자바스크립트 에디션, 베드락 에디션, 에듀케이션 에디션이 있습니다.

마인크래프트를 이용하기 위해서는 무료 버전으로 며칠 사용할 수 있지만, 번거롭지요? 라이선스를 먼저 구입해야 합니다. 자바스크립트 에디션은 홈페이지에서 다운로드가 가능하고, 현재 가격이 3만원대로 영구 이용이 가능합니다. 베드락 버전은 윈도우10 이상 버전의 MS 스토어에서 구입가능하며, 3만 5천원대면 구입가능하고, 영구적으로 이용가능합니다. 에듀케이션 버전은 6천5백원 정도면 사용 가능하지만, 1년 단위의 라이선스를 취득해야 합니다. 베드락과 에듀케이션 에디션은 메이크코드란 도구를 이용해서 우리가 흔히 사용하는 블록 코딩으로 프로그래밍 교육을 할 수 있습니다. 그래서 이 두 에디션을 구입하는 것을 추천드립니다.

마인크래프트의 가상 현실은 다른 플랫폼과 달리 동시 접속자 수가 적은 편입니다. 최대 인원은 30명이라고는 하지만, 20명만 모이면 렉이 걸려서 조금 버벅인다? 라는 표현을 쓰지요? 느려집니다. 게다가 컴퓨터 부속품 중의 하나인 그래픽 카드의 성능이 좋아야 최대 인원을 수용해도 느림현상이 발생하지 않고, 원격 수업을 할 때 화면 공유시 버벅거림 현상이 줄어듭니다.
마인크래프트는 메타버스 안에서 블록으로 산과 강도 만들 수 있을 뿐만 아니라, 집과 빌딩 등 다양한 건축물을 만드는데 자유롭습니다. 블록만 쌓으면 되니까요. 유튜브를 검색해보시면 아시겠지만, 대규모 피라미드를 몇십시간씩 걸려 건물을 만드는 모습을 보시면, 메타버스 속 사람이 이렇게 위대한 것을 만들 수 있구나 감탄하게 될 것입니다.

전통의 메타버스 강자인 마인크래프트가 다시 각광을 받는 것은 코딩이 가능하다는 것 때문입니다. 정육면체 블록을 한 땀 한 땀 수를 놓아 만들던 것이 코딩으로 한 번에 쫙! 쫙! 만들어집니다. 가상도시를 구축하거나, 게임적인 요소가 큰 플랫폼이기 때문에 미션 활동을 부여한 재미있는 수업 연계가 가능합니다. 공부하자.com 네이버 카페(https://cafe.naver.com/studyhajacom)나 마인크래프트 에듀케이션 랩 네이버 밴드(https://band.us/band/77446467/)에 모여보세요. 서로 정보를 공유하는 것도 좋겠습니다.

02 마인크래프트 에듀케이션을 알아보자!

2016년에 처음 공개된 마인크래프트 에듀케이션 에디션은 교육을 위해 별도로 제작된 메타버스 플랫폼입니다. 명칭 그대로 교육을 위한 기능만 포함되었습니다. 그렇다고 실망하지 마세요. 여러 스킨이나 텍스처 팩과 같은 것을 구매할 수 없지만, 이미 어느 정도 에듀케이션 에디션에 준비가 되어 있습니다. 가장 큰 특징은 소프트웨어교육을 할 수 있도록 코딩 도구가 포함되었다는 것입니다. 또한 클래스룸 모드라는 별도의 프로그램이 있어서, 마인크래프트 메타버스 안에서 교사가 학생들을 쉽게 관리할 수 있습니다.

마인크래프트 에듀케이션을 PC로 플레이하기 위해서는 윈도우 10이상의 OS가 필요하며, 접속하기 위해서는 마이크로소프트 교육용 Office365 계정이 반드시 필요합니다. 전국 모든 학교에서 교육용 Office 365 계정을 사용할 수 있지만, 만드는 방법은 학교마다 다를 수 있습니다. 현재는 시도교육청과 마이크로소프트사 간의 업무협약을 통해서 일괄적으로 학교 관리자 아이디와 교사용 아이디를 얻을 수 있습니다. 진행하기에 앞서서 O365아이디를 알고 계셔야 합니다. 모르는 경우에는 학교 정보담당 교사 등 담당자에게 문의하셔야 합니다.

마이크로소프트 Office 365 계정으로 마인크래프트 에듀케이션을 접속할 수 있기 때문에 학교와 업체간 계약과 결재를 통해 마인크래프트 에듀케이션의 1년 사용 라이선스를 얻을 수 있습니다.

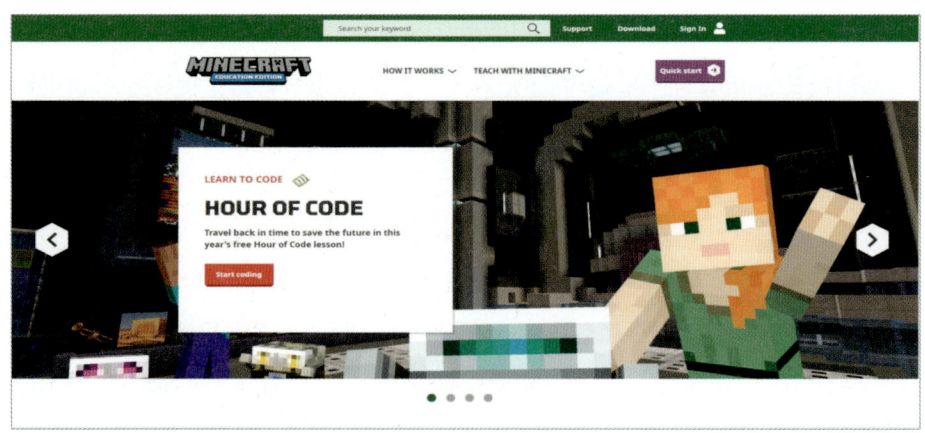

* 출처: https://education.minecraft.net/en-us/homepage

그렇지 않고서는 15회 내외 정도만 무료로 사용이 가능합니다. 라이선스는 시도교육청에서 어떻게 마이크로소프트와 사용권 계약을 했는지에 따라 다를 수 있습니다. 예를 들어, 서울교육청의 Office 365계정으로 접속시 마인크래프트를 무료로 사용할 수 있다고 합니다.

03 마인크래프트 에듀케이션 수업 전 이것만은 준비하자!

마인크래프트 에듀케이션 에디션 라이선스 구입 방법을 소개해드리겠습니다. 대신 시도교육청별로 약간 상이할 수 있습니다. 충남교육청의 경우를 참고하시기 바랍니다. 충남교육청 소속 학교의 경우 충남교육청을 대상으로 마이크로소프트사의 소프트웨어 판매 업무를 담당하고 있는 ㈜포스텍을 이용하여 라이선스를 구매하면 됩니다.

03.01. 마인크래프트 에듀케이션 계정 구입하기

① 시도교육청별 마이크로소프트사의 소프트웨어 판매 업무를 담당하고 있는 업체의 담당자에게 연락을 하여, 라이선스 구매 개수 등을 논의합니다.
② 이메일로 견적서와 고객발주서를 받습니다. 학교에 견적서에 따라 품의 절차를 진행합니다.
③ 결재가 완료되면 마인크래프트 교육용 에디션(CSP) 사용권이 발급되어 이메일로 전달받습니다. CSP란 Cloud Service Program으로 별도의 증서없이 발주 완료 메일로 사용권을 대체하는 시스템입니다.

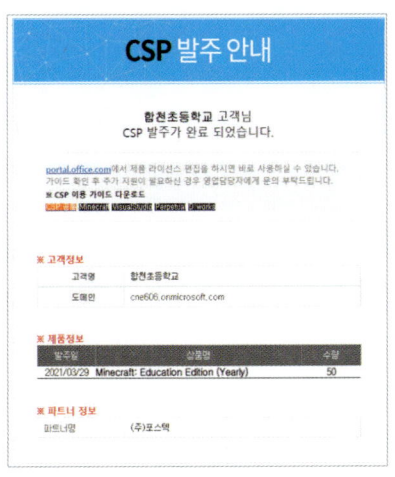

- 고객명은 학교, 도메인 이름은 마인크래프트 계정에 이용될 도메인 주소(이메일 주소)입니다.
  *cne606 은 Chung Nam Elementary의 약자이며 606은 606번째 학교라는 뜻입니다.
- 관리자아이디는 admin@cne606.onmicrosoft.com 이 됩니다. 이 아이디나 도메인은 업체가 관리하는 것에 따라 변화될 수 있습니다.

03.02. 마이크로소프트 학생용 O365 계정 만들기

① portal.office.com 사이트로 접속해서 학교 관리자 계정으로 로그인합니다. 앱 메뉴 – 관리를 클릭해서 Microsoft 365 관리센터로 이동합니다.

(바로 접속할 수 있는 링크주소는 https://admin.microsoft.com/#/homepage 입니다.)

② 사용자 – 활성 사용자 메뉴의 사용자 추가 버튼을 누릅니다.

③ 기본 사항 설정을 입력하고 다음을 클릭합니다.

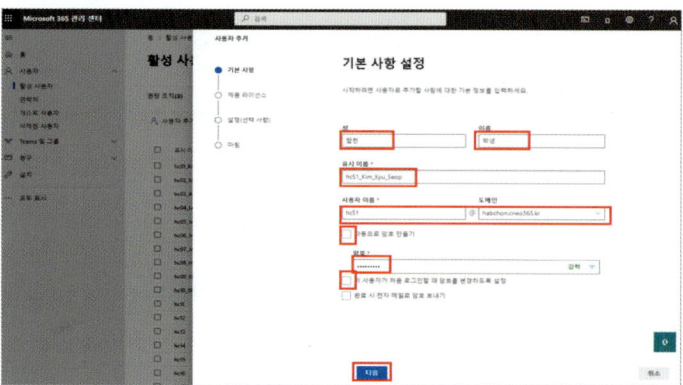

- 성, 이름을 입력합니다. 저 같은 경우에는 성을 합천(학교명), 이름은 학생 이라고 입력했습니다.
- 표시 이름이 중요합니다. 이 표시 이름은 마인크래프트 게임속의 캐릭터의 이름과 같습니다. 저 같은 경우에는 hc(합천)01(번호)_학생 영문 이름으로 설정했습니다.
- 사용자 이름은 Office 365 아이디가 됩니다. 저 같은 경우에는 hc번호로 했습니다.
- 자동으로 암호 만들기를 체크 해제하고, 암호를 직접 입력해도 좋습니다.

④ 제품 라이선스를 체크하고 다음을 클릭합니다.

⑤ 선택 사항 설정은 특별히 역할을 부여하지 않는 이상 다음으로 클릭해도 좋습니다. 그리고 추가완료를 클릭합니다.

 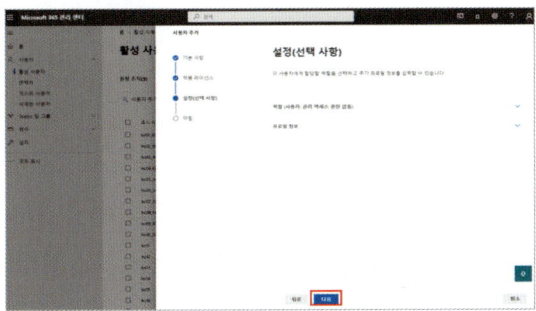

03.03. 학생용 O365 계정에 마인크래프트 에듀케이션 라이선스 연동하기

① https://educationstore.microsoft.com/ko-kr/store 에 학교 관리자 계정으로 접속하고, 관리 메뉴를 클릭합니다.

② 제품 및 서비스에서 Minecraft: Education Edition 목록의 가장 우측 버튼을 눌러서 학생에게 할당을 클릭합니다.

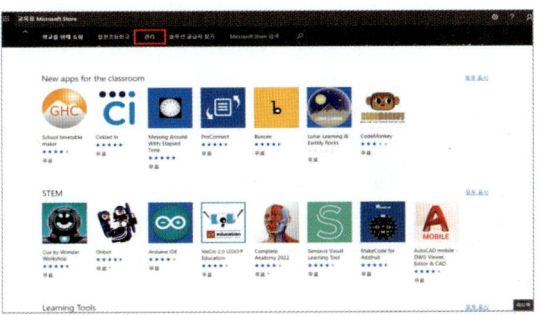 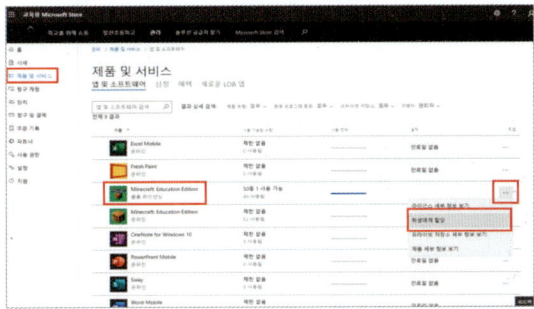

누구나 다 아는, 한 번 쯤은 해보았을 게임, 마인크래프트 에듀케이션!

③ 아이디를 검색하고, 해당 아이디를 선택 후, 할당을 클릭합니다.

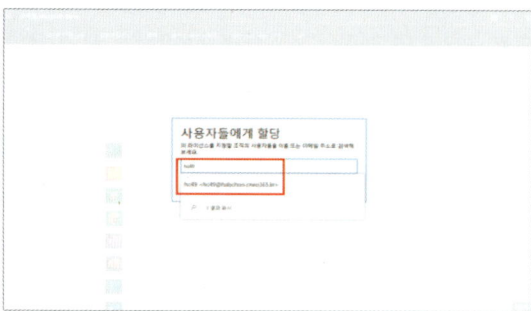

이렇게 마인크래프트 에듀케이션 에디션의 라이선스를 모두 할당하면 완료가 됩니다. 이제 마인크래프트 에듀케이션을 설치해 볼까요?

03.04. 마인크래프트 에듀케이션 설치와 접속하기

① 마인크래프트 에듀케이션 홈페이지에 접속하여 다운로드 메뉴를 클릭합니다.(https://education.minecraft.net/ko-kr/homepage)

② Download Now를 클릭해서 설치 실행파일을 다운로드 받습니다. 다운로드가 완료되면 더블클릭해서 설치를 시작합니다.

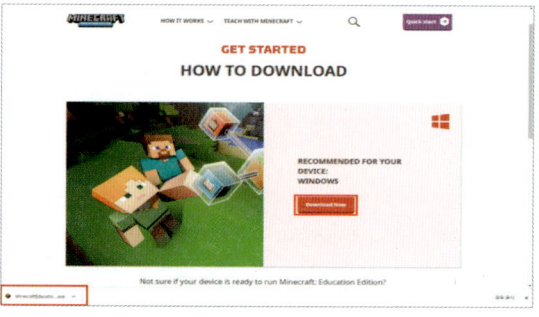

③ 설치 언어를 선택하고 다음을 클릭합니다.

④ 다음을 클릭합니다.

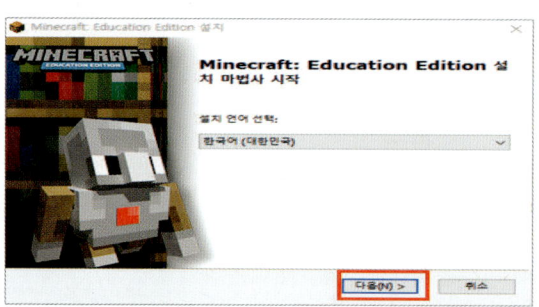

⑤ 사용권 계약 조건에 동의를 체크하고 다음을 클릭합니다.

⑥ 설치 폴더를 선택하고 다음을 선택합니다.

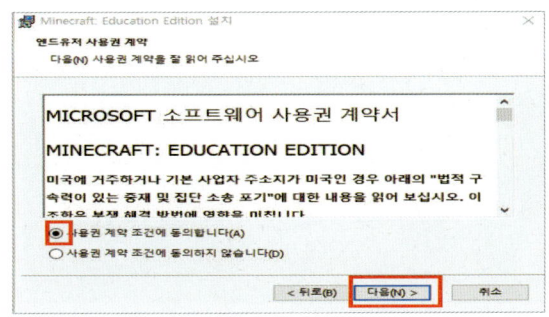

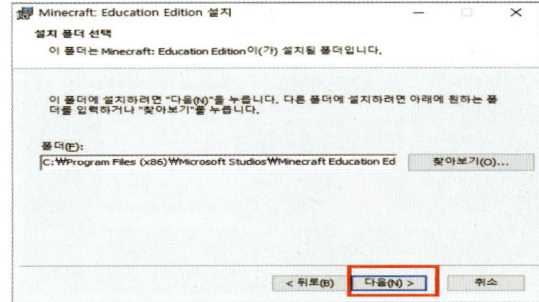

⑦ 바탕화면에 바로가기 아이콘을 만드는지 여부를 선택하시고 다음을 클릭합니다.

⑧ 설치 버튼을 클릭합니다.

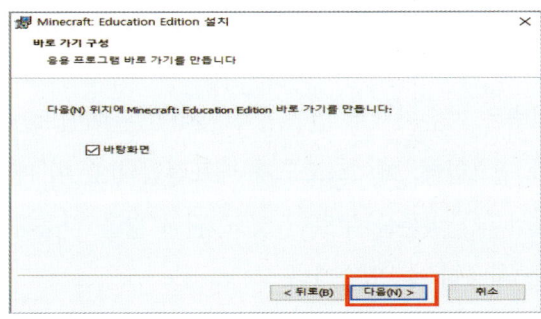

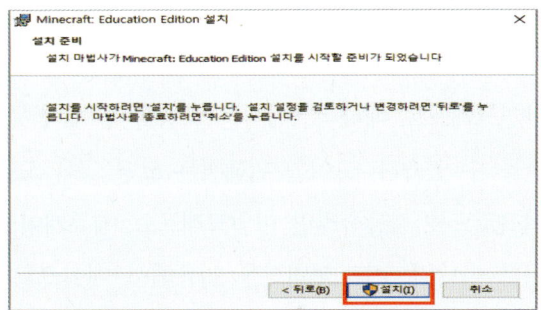

⑨ 설치가 완료되면 마침을 클릭하고, 마인크래프트 에듀케이션에 접속합니다.

누구나 다 아는, 한 번 쯤은 해보았을 게임, 마인크래프트 에듀케이션!

⑩ O365 계정으로 로그인을 합니다.   ⑪ 플레이를 눌러 메타버스에 접속할 수 있습니다.

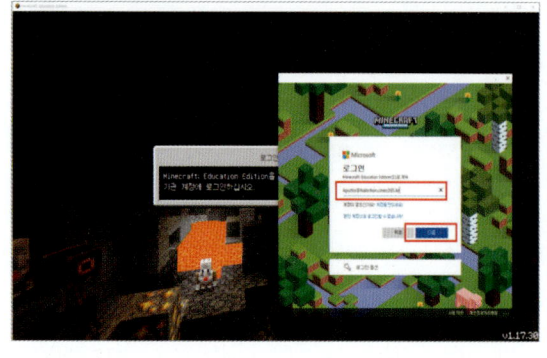 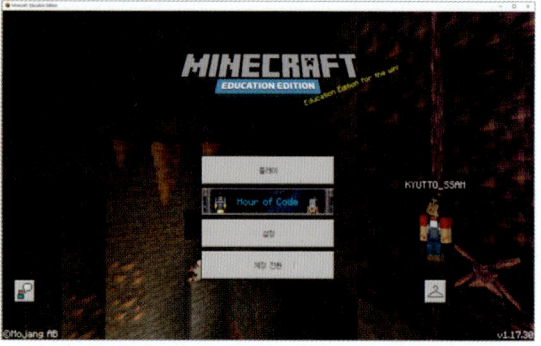

다음은 마인크래프트 에듀케이션 메타버스에 접속하기 전에 소프트웨어교육도 할 수 있도록 코딩 교육 도구를 설치하는 방법도 알아보겠습니다.

03.05. 마인크래프트 월드 만들기 및 코딩 교육 도구 메이크코드 실행하기

마인크래프트 메타버스에서는 코딩을 통해 건물 외벽을 자유자재로 만들거나 재미있는 이벤트를 만들 수 있습니다. 이를 위해서는 코딩 교육 도구가 필요한데, 메이크코드가 대표적입니다. 이 메이크코드를 사용하려면 마인크래프트 에듀케이션에서 "C"버튼을 누르면 코드 빌더 창을 사용하거나 아니면 코드 커넥션을 이용해서 메이크코드를 사용할 수 있습니다.

03.05.01. 마인크래프트 월드 만들기

마인크래프트 에듀케이션에서 코딩을 하기 위해서는 메타버스를 만들 때 설정을 몇가지 해줘야 합니다. 이유는 마인크래프트 메타버스에서 '코딩'을 한다는 것은 '신'과 같다고 할 수 있지요? 엄청난 권한을 갖게 되기 때문이지요.

① 마인크래프트를 실행하고 플레이를 클릭합니다.

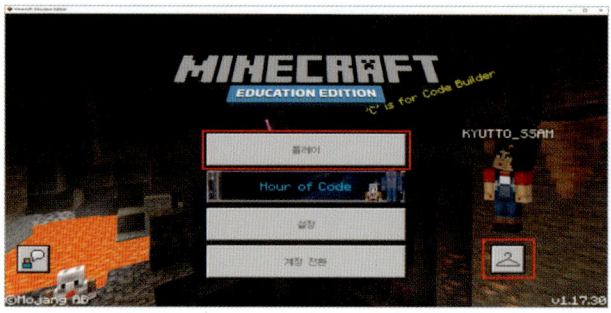

- 옆의 옷걸이 버튼을 클릭하면 스킨을 바꿀 수 있습니다. 재미있는 스킨을 선택해 보세요!

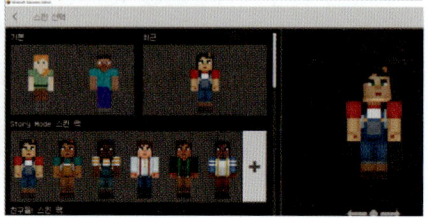

② 새로 만들기 - 신규를 클릭합니다.

③ 월드 설정에서 기본 게임 모드를 '크리에이티브'로 설정하는 것이 중요합니다. '크리에이티브'가 바로 마인크래프트 메타버스에서 코딩을 할 수 있는 모드입니다. 마인크래프트 메타버스에서 '신'이 될 수 있는 모드입니다. 난이도는 평화로움으로 합니다.

④ 월드의 참여하는 플레이어의 권한 수준이란 방문자, 멤버, 운영자로 분류되는데, 월드를 만든 사람말고 참여한 사람도 코딩을 할 수 있게 하기 위해서는 '운영자'로 해야 합니다. 이는 혼자 할 때가 아니라 여럿이 할 때만 해당하는 경우입니다. 월드 유형은 '평면'으로 해 보겠습니다.

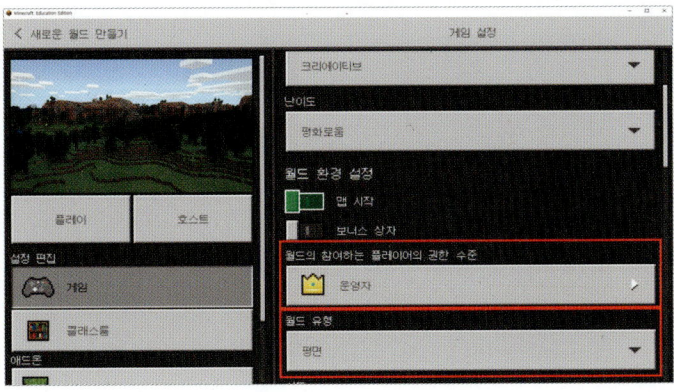

⑤ 여러 명이 들어오게 하기 위해서는 '호스트'를 선택할 수 있고, 혼자 월드에 접속하기 위해서는 '플레이'를 선택할 수 있습니다. 물론 '플레이'중에도 호스트를 해서, 다른 사람들이 접속하게 할 수 있습니다. '플레이'를 선택해 보도록 하겠습니다.

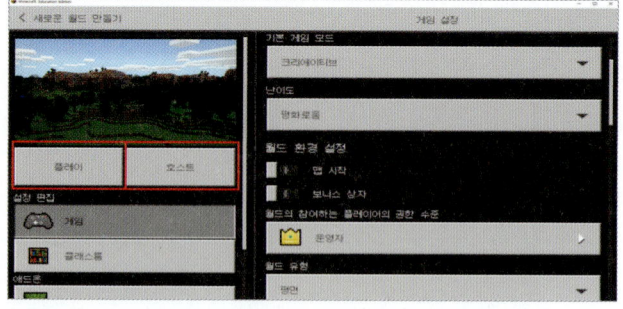

⑥ 끝도없이 펼쳐진 광활한 초원 위 메타버스에 접속했네요!

이 상태에서 코드 빌더나 코드 커넥션을 통해 메이크코드를 연결해보도록 하겠습니다.

03.05.02. 코드 빌더를 통해 메이크코드 불러오기

코드 빌더를 사용하면 장점은 버튼 C만 누르면 바로 메이크 코드를 쓸 수 있어 편하다는 장점이 있지만, 마인크래프트 화면의 반을 차지해서 사용해야 합니다. 그래서 불편하다는 의견도 있습니다.

① C 버튼을 눌러 코드 빌더를 불러옵니다. MakeCode를 선택합니다.

② 새 프로젝트를 클릭합니다.

③ 프로젝트 만들기 창에서 프로젝트 이름을 입력하고 생성을 클릭합니다.

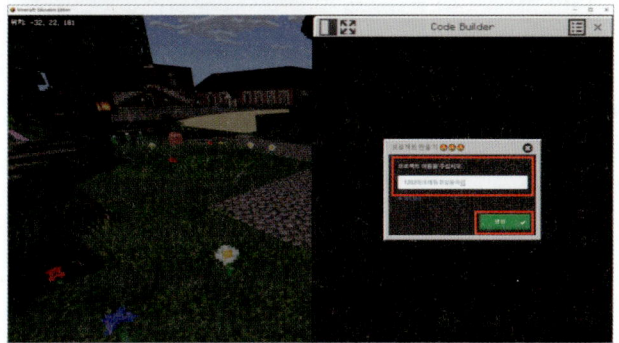

④ 코딩할 수 있는 화면으로 접속합니다.

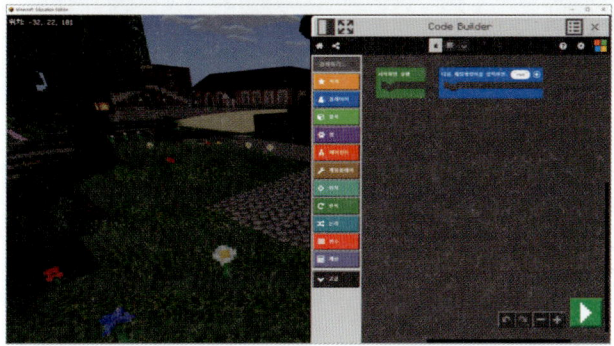

03.05.03. 코드 커넥션 설치 및 코드 커넥션을 통해 메이크코드 불러오기

코드 커넥션은 프로그램을 개별 설치하고, 마인크래프트와 연결하기 위해서 주소를 복사해서 붙여 넣어야 한다는 번거로움이 있음에도 불구하고, 새로운 창을 열어 작업이 가능하다는 장점이 있습니다.

① Microsoft Store를 실행하고, 검색창에 코드 커넥션(code connection) 이라고 검색합니다.(앱을 실행해야 하는데, 돋보기를 눌러 store로 검색하면 나옵니다.)

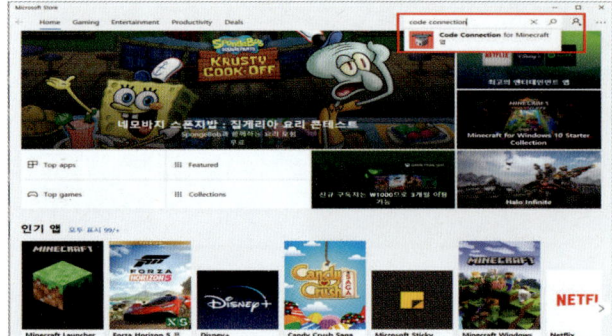

② 코드 커넥션(code connection)을 클릭합니다.   ③ '받기'를 클릭합니다.

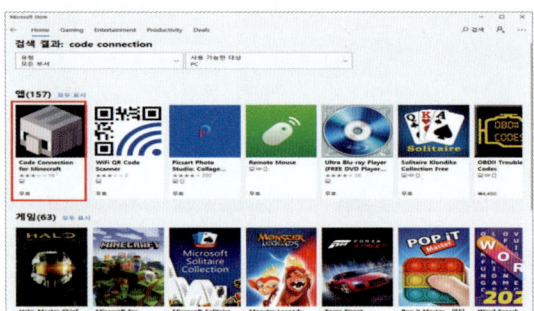 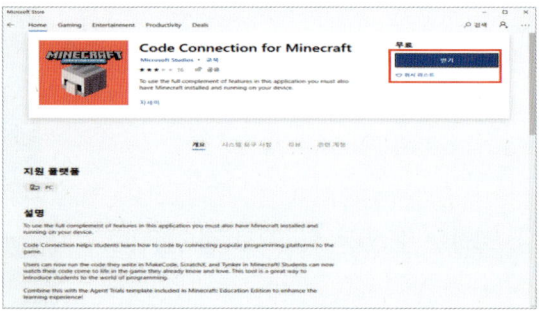

④ 다운로드가 완료되면 '설치'를 클릭할 수 있습니다.

⑤ 설치가 완료 되었으면 시작 버튼이 활성화 됩니다. 참고로 다음에 시작할 때는 코드 커넥션(code connection) 앱을 찾아 실행하면 됩니다.

⑥ 아래의 화면이 나오면 코드 커넥션이 정상적으로 실행된 상태입니다. 복사 버튼을 클릭합니다.

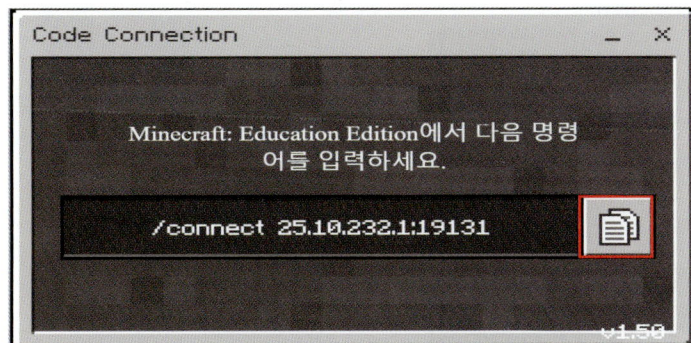

⑦ 마인크래프트 화면에서 엔터 키를 누르면 대화창이 뜹니다. 붙여넣기(ctrl+v)를 하면 코드 커넥션에 있던 명령어가 대화창에 씌여집니다. 엔터키를 누르면 서버에 연결되었다는 메시지가 뜹니다. 마인크래프트와 코드 커넥션이 연결이 완료된 것입니다.

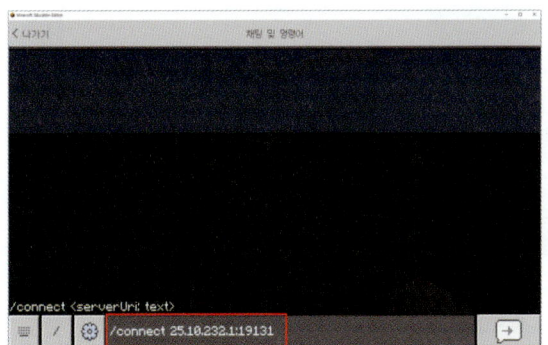 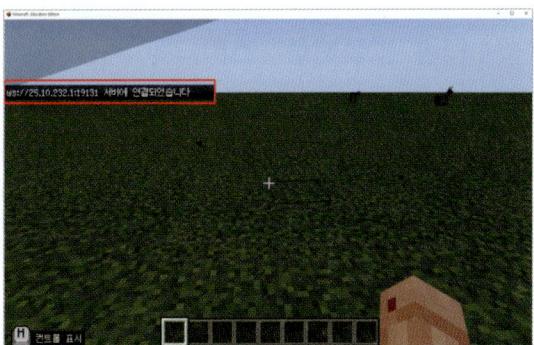

⑧ esc키를 눌러 마인크래프트에서 벗어난 뒤 상태표시줄의 코드 커넥션 아이콘을 누르면 화면과 같은 대화창이 뜹니다. MakeCode를 클릭합니다.

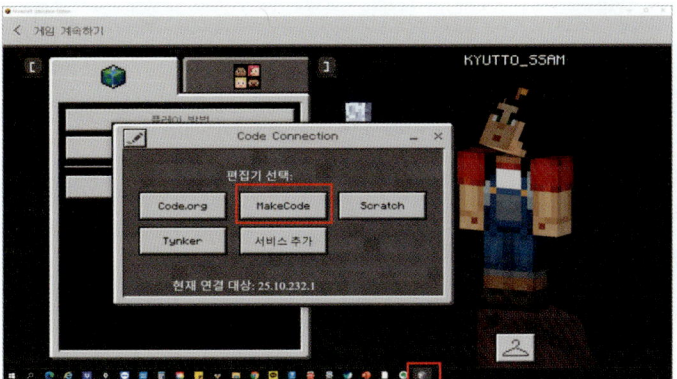

⑨ 새 프로젝트를 클릭하고 프로젝트 만들기 대화창에서 프로젝트 이름을 작성하고, 생성을 클릭합니다.

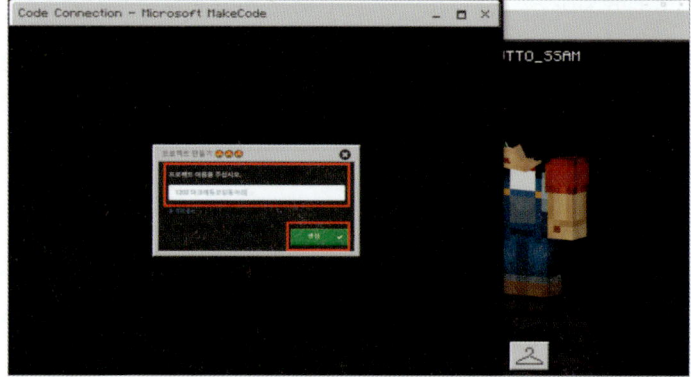

⑩ 코딩할 수 있는 화면이 새로운 창으로 열립니다.

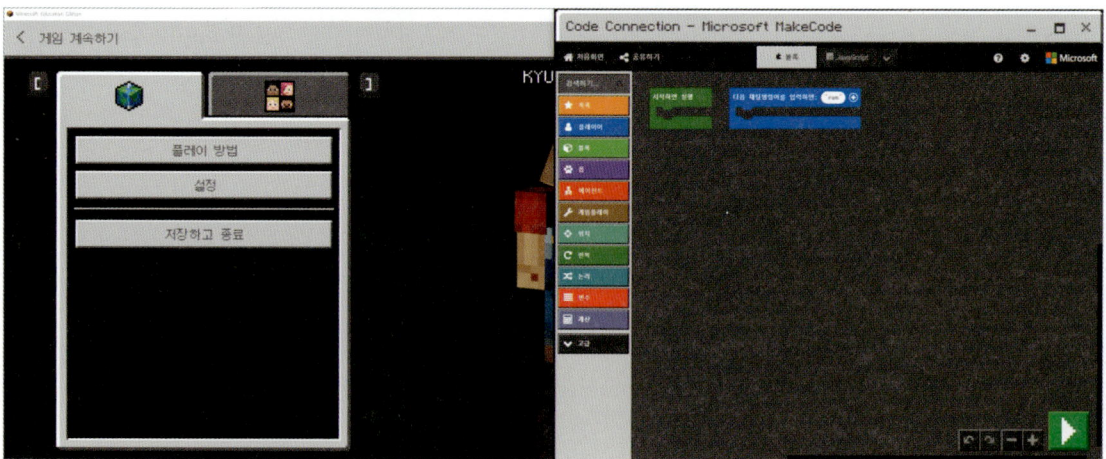

CHAPTER 02

마인크래프트 에듀케이션 활용하기

04. 마인크래프트 에듀케이션 기본 사용법을 알아보자!
05. 마인크래프트 에듀케이션에 나만의 농장을 만들어보자!
06. 마인크래프트 에듀케이션 메타버스 활용 교육!
    초·중등수업, 이렇게 해보세요!

04 마인크래프트 에듀케이션 기본 사용법을 알아보자!

마인크래프트 에듀케이션은 기본적으로 많은 MMORPG 게임이나 FPS 게임보다 조작법이 단순합니다. 그런데 처음 접하시는 선생님은 아무래도 힘드시겠지요? 또한 조작법만 문제가 아닙니다. 아이템 사용방법 등 도처에 큰 산이 많습니다. 마인크래프트 메타버스 고수가 되기 위해서는 산을 하나 두 개 넘는다는 생각으로 시작해 볼까요?

04.01. 캐릭터 조작하기

① 마우스를 움직이면 캐릭터의 시야가 바뀝니다. 캐릭터를 조작하는 W, A, S, D로 앞, 왼쪽, 뒤, 오른쪽으로 이동할 수 있습니다. 바닥을 향해 왼쪽 버튼을 클릭하면 블록을 파괴하거나, 공격하게 됩니다. W를 빠르게 두 번 누르거나 CTRL키를 누르면 달리게 됩니다. 서바이벌 모드에서 달리는 상태는 허기짐 수치가 3개 미만으로 줄어들 때까지 가능합니다.

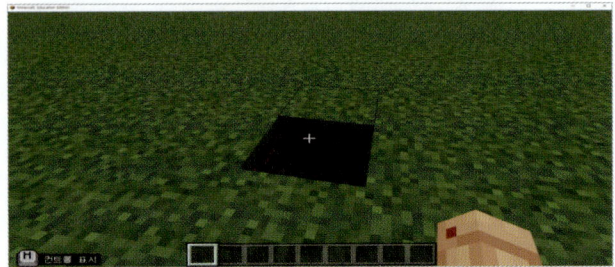

② 바닥에 마우스 휠을 클릭하면 핫바에 블록이 복사가 됩니다. 오른쪽 마우스 버튼을 클릭해서 구멍난 바닥을 메꿀 수 있습니다. 마우스 휠을 위 아래로 움직이면 핫바의 선택 칸을 움직일 수 있습니다.

마우스 휠 버튼으로 복사를 한 상태

마우스 휠을 움직여 핫바를 이동

③ 스페이스를 한 번 누르면 점프할 수 있습니다. 크리에이티브 모드에서는 두 번 누르면 공중에 떠오를 수 있고, 공중에 떠오른 상태에서 다시 두 번 누르면 땅으로 뚝 떨어집니다. 쉬프트를 누르면 엎드리기를 하거나 공중에 떠있을 때는 아래로 내려옵니다. 또 쉬프트를 누른 상태에서 W, A, S, D키를 누르면 엉금엉금 기어갑니다.

공중부양 한 상태   **쉬프트를 누른 상태**

④ E키를 누르면 소지품을 볼 수 있습니다. 크리에이티브 모드에서는 모든 아이템을 사용할 수 있지만, 서바이벌 모드에서는 그럴 수 없습니다.

⑤ 필요한 아이템을 찾고 싶다면 검색을 해서 쓸 수 있습니다. 돋보기를 눌러서 '딱지날개'를 검색한 후에, 인벤토리에 넣어서 하늘을 날아보세요. (스페이스키를 두 번 눌러 공중부양 후에 스페이스키를 다시 두 번 눌러 공중부양을 취소하고, 스페이스키를 한 번 눌러 하늘을 날아보세요.)

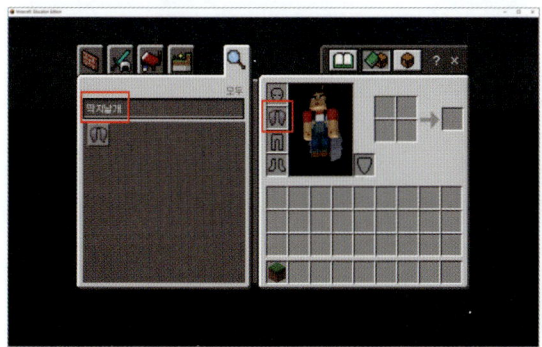 

누구나 다 아는, 한 번 쯤은 해보았을 게임, 마인크래프트 에듀케이션!

⑥ 아이템을 보는 방법은 세가지 방법이 있습니다. 첫 번째는 백과사전에서 확인하는 방법입니다. 단, 이 방법은 크리에이티브 모드에서만 사용할 수 있습니다.

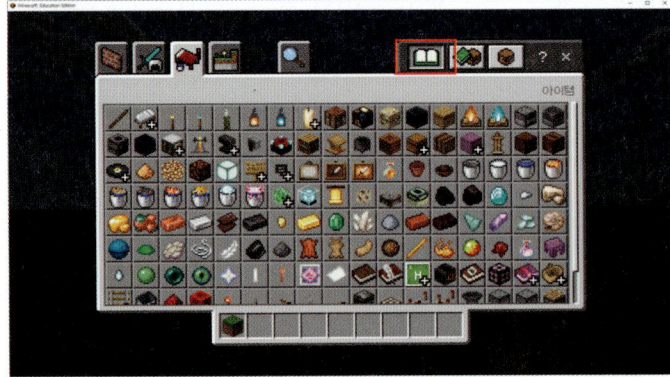

-서바이벌 모드에서는 백과사전식으로 볼 수가 없습니다.

⑦ 두 번째는 인벤토리와 백과사전을 같이 볼 수 있습니다. 왼쪽에는 마인크래프트 월드에 존재하는 아이템 목록을 확인할 수 있고, 오른쪽에는 현재 캐릭터가 소유한 아이템이 표시가 됩니다. 캐릭터 옆에 투구, 망토, 바지, 신발, 방패, 무기를 넣을 수 있습니다.

-무기는 핫바에 넣으면 됩니다. 오른손에 들고 있는 것은 핫바로 조절이 됩니다.

⑧ 세 번째는 인벤토리만 확인하는 방법입니다. 현재 캐릭터가 소유한 아이템만 표시가 됩니다.

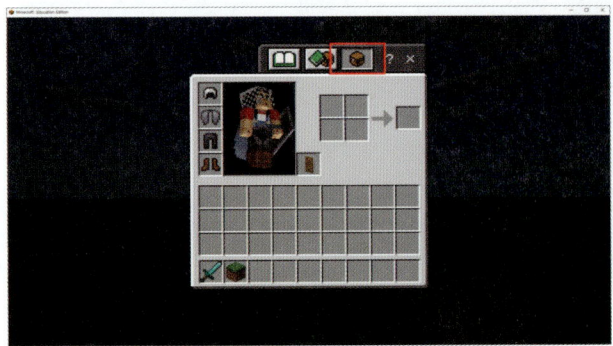

⑨ Q키는 가지고 있는 아이템을 버리는 키입니다. 아이템은 가까이에 가면 저절로 인벤토리에 들어오게 됩니다.

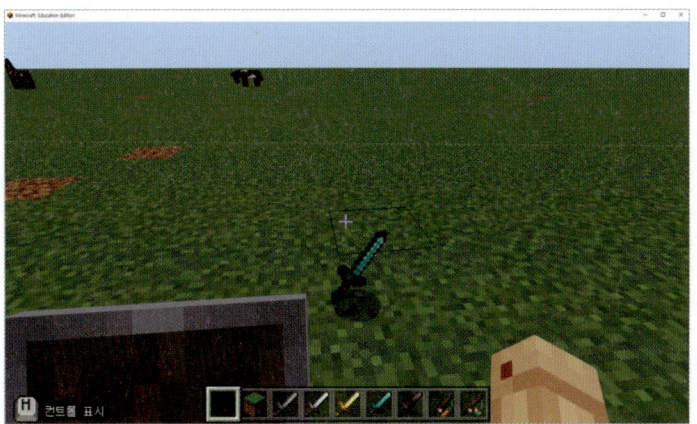

⑩ 쉬프트(Shift)키는 웅크리거나, 조용히 발걸음소리를 들키지 않고 움직일 때 씁니다. 또는 방패를 들고 있을 때는 방패로 몸을 가리는 용도로 쓰기도 합니다.

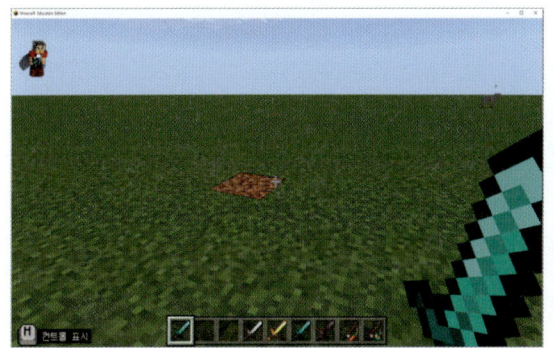
발걸음소리가 안나게 움직이거나 웅크린다.

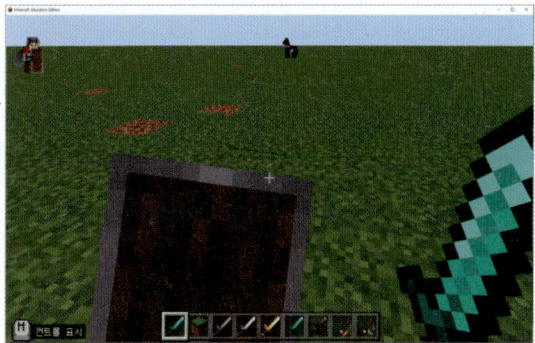
방패가 있을 때는 방패로 몸을 가린다.

04.02. 키보드 메뉴 조작 익히기

마인크래프 에듀케이션은 캐릭터를 조작하는 것 외에 메뉴 조작을 키보드로 할 수 있습니다.

① ESC키를 누르면 메타버스를 잠시 일시 정지하고, 플레이 방법이나 설정 메뉴로 들어갈 수 있습니다. 또는 저장하고 종료도 할 수 있습니다.

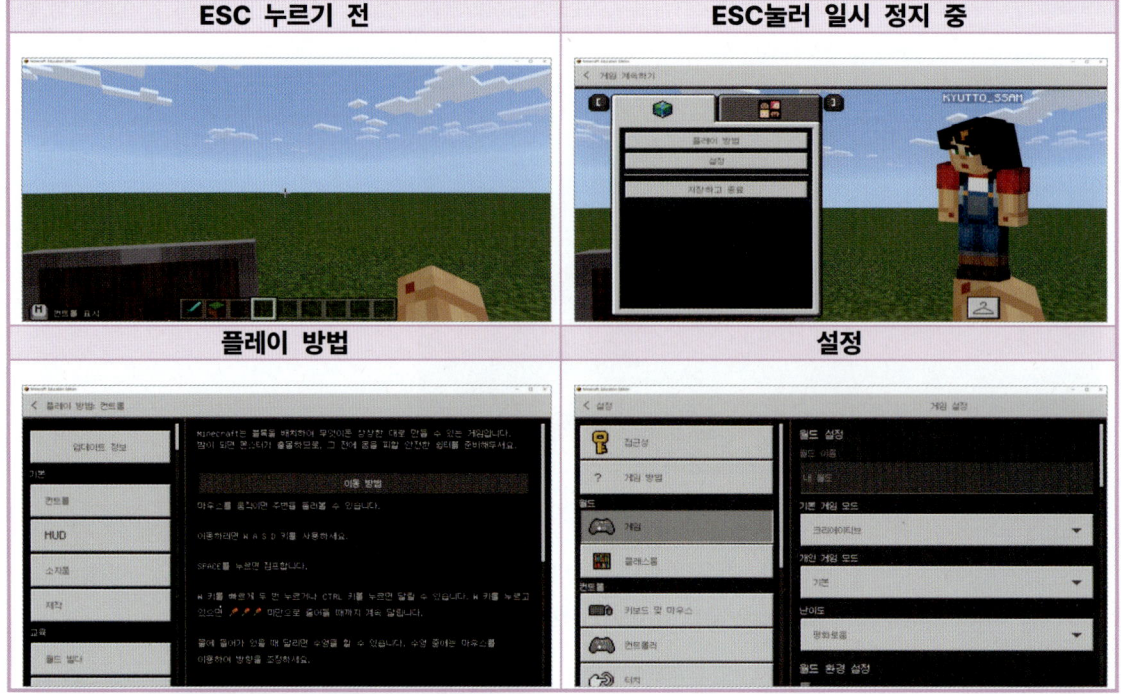

② F1키를 누르면 슬롯이나 포인터를 보이게 하거나 감출 수 있습니다. 아무것도 없으면 좀 이상해 보이지요? 하지만 이렇게 하는 경우가 있습니다. 멋진 화면을 캡쳐할 때 쓰이지요.

③ F5키는 시점을 변화시켜줍니다. 1인칭, 3인칭, 2인칭 순으로 시점이 변화됩니다. 가장 좋은 시점으로 메타버스를 즐기도록 하세요.

1인칭   2인칭   3인칭

④ 핫바는 오른 손에 들 수 있는 아이템들을 바로 볼 수 있는 공간입니다. E키를 누르고 인벤토리 무기 탭에서 무기들을 핫바로 이동한 다음에 숫자 1~9번을 눌러보세요. 숫자 1~9번은 핫바 칸의 순서와 같으며, 숫자키를 누르면 바로 오른 손에 들 수 있습니다. 마우스 휠로 위 아래로 움직이면 순서대로 또는 역행대로 오른 손에 물건을 쥐게 됩니다.

04.03. 기본 메뉴 둘러보기

마인크래프트 메타버스를 즐기려면 간단한 메뉴 정도는 익혀두어야 편합니다. 아래의 것들은 기본적으로 이해하고 계세요!

① 첫 화면입니다. 플레이는 새로운 게임이나 저장된 맵, 또는 라이브러리에 참여할 수 있습니다. Hour of code는 누구나 코딩의 기본을 배울 수 있다는 목적의 컴퓨터 공학 소개 행사로 시작된 강의들이 모아져 있으며, 재미있고, 실험적인 마인크래프트 입문 경험을 제공합니다. 모든 연령대의 학습자가 진행할 수 있습니다. 우리나라로 치면 소프트웨어교육 주간 때 여러 다양한 코딩 도구를 통해 소프트웨어교육을 하는 것과 마찬가지라고 생각하면 됩니다. 설정은 마인크래프트와 관련된 다양한 설정을 바꿀 수 있습니다. 계정 전환은 로그인 된 아이디를 로그아웃 하고 새로운 로그인을 할 때 사용할 수 있습니다. 캐릭터 명은 마이크로소프트365 관리 센터에서 사용자를 등록할 때 '표시이름'이 그대로 나옵니다. 단 너무 길면 나오지 않아

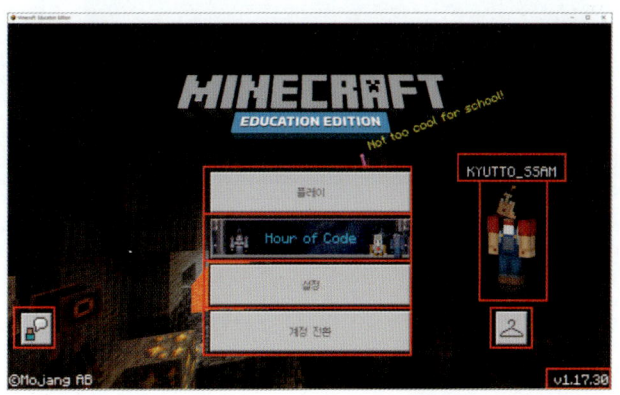

요. 예를 들어 hc51_Kim_Kyu_seop라고 등록을 하더라도 hc51_Kim_Kyu_seo 까지 나옵니다. 16글자까지 되네요. 물론 한글은 안됩니다. 캐릭터는 꾸밀 수가 있는데 그 아래 옷걸이 메뉴를 눌러서 할 수 있습니다. 현대 화면의 v1.17.30은 버전을 표시합니다. 버전이 맞지 않으면 다른 친구가 만든 월드에 참여할 수 없을 수 있습니다. 왼쪽 하단의 말풍선 버튼은 마인크래프트 교육 커뮤니티 웹사이트가 링크되어 있습니다.

② 플레이 버튼을 눌렀을 때의 화면입니다. 내 월드 보기을 클릭하면 그동안 작업했던 마인크래프트의 메타버스를 확인할 수 있습니다. 마인크래프트는에서는 메타버스를 월드라고 하는데, 이 월드들의 기록들이 누적됩니다. 새로운 월드를 클릭하면 새로운 가상세계를 만들 수 있습니다.

③ 새로운 월드를 클릭했을 때의 화면입니다. 신규 버튼을 클릭하면 맵을 만들 수 있습니다. 아무런 설정을 하지 않고, 바로 플레이 버튼을 누르면 메타버스로 이동합니다. 단, 기본 게임 모드만이라도 크리에이티브 모드로 변경해 주세요. 그렇지 않으면, 가상세계에서 좀비들한테 공격당할 수 있습니다.

 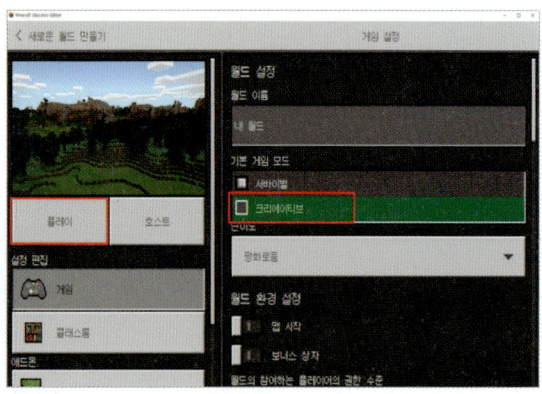

④ 라이브러리 보기를 클릭했을 때의 화면입니다. 주제 키트, 매월 빌드 챌린지, 스타터 월드, 플레이 방법 등을 알아보며 마인크래프트의 매력에 푹 빠져버릴 수 있도록 이미 준비된 가상현실을 제공해 줍니다. 수업, 캠프 혹은 동아리에서 쉽게 실행할 수 있는 활동으로 학생들의 창의력을 자극하고, 다양한 역량을 키울 수 있습니다.

⑤ 월드에 참여하기를 클릭했을 때의 화면입니다. 누군가가 마인크래프트 메타버스를 만들고 다른 사람들과 함께 플레이를 하기를 원한다면, 호스트가 되어서 참여 코드를 알려줘야 합니다. 참여자는 알맞은 참여 코드를 입력해야 접속할 수 있습니다. 다만, 마인크래프트의 단점이 한 가지 있다면, 네트워크가 잘 맞아야 접속이 가능하다는 것입니다. 그래서 만약, 참여 코드를 제대로 입력했는데도 월드에 접속이 안된다면, 호스트와 플레이 모두 가상으로 네트워크를 동일하게 맞춰주는 프로그램을 설치해야 함께 만날 수 있습니다. 관련해서는 참고 문헌을 참고하세요.

※ 참고: https://blog.naver.com/kyutto/222389797699

⑥ 가져오기를 클릭했을 때의 화면입니다. 그러면 파일탐색기가 열리게 되고, 내보내기를 통해 저장해두었던 월드의 파일을 불러올 수 있습니다. 이렇게 가져온 파일은 내 월드 보기를 클릭하면 볼 수 있습니다.

⑦ 내 월드 보기를 클릭해서 가져온 파일을 클릭해보겠습니다. 관리를 클릭하면 월드를 복사하거나 PC로 저장을 할 수 있게 내보내거나 삭제를 할 수 있습니다.

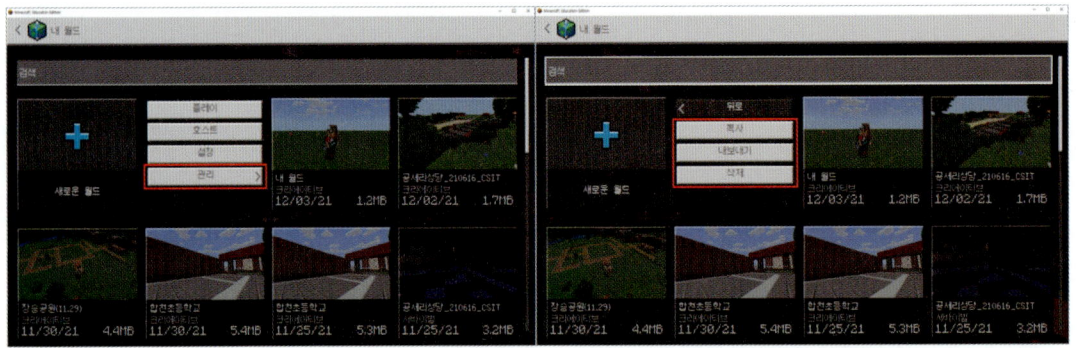

일단 월드 하나에 접속해 보겠습니다.

04.04. 화면 정보 익히기

게임 모드에 따라서 화면 정보가 다릅니다. 좌측은 크리에이티브 모드의 화면이고, 우측은 서바이벌 모드의 화면입니다. 무엇이 다른지 눈치채셨나요? 체력 수치와 허기짐 수치, 그리고 방어구 내구도 수치가 있고 없고의 차이가 있네요.

28

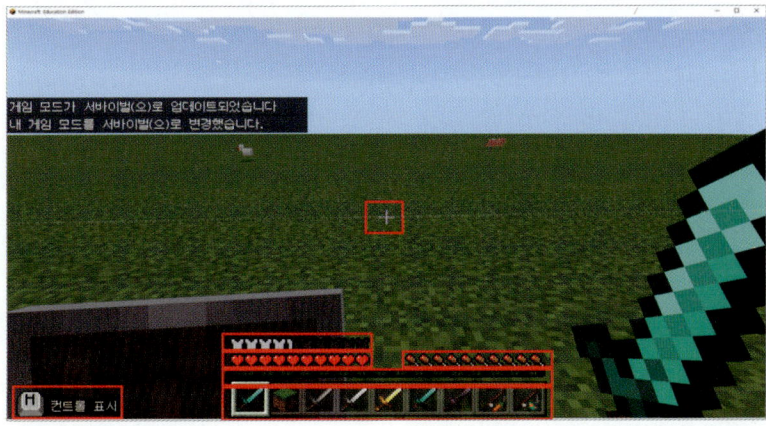

채팅창에 /gamemode s 라고 쳐보세요. 또는 /gamemode c. 그러면 서바이벌 모드와 크리에이티브 모드를 변경할 수 있습니다. 서바이벌 모드를 예로 들어 말씀드려 보겠습니다.

- 가운데 십자 표시선은 특정 블록을 캐거나 부시고, 무엇인가를 공격하거나, 활을 쏠 때 조준할 필요가 있지요? 십자 표시선을 활용하면 됩니다.
- 하트 모양은 체력 수치에요. 하트 모양이 전부 떨어지면 사망하게 됩니다. 사망하면 게임이 끝나나요? 아닙니다. 다시 되살아날 수 있습니다. 그것을 게임 용어로 리스폰 이라고 하지요.
- 고기 모양은 허기짐 수치입니다. 서바이벌에서는 허기짐 수치가 줄어들면 체력이 깎이기도 합니다. 그래서 동물을 잡아 고기를 먹어야 해요. 그러면 허기짐 수치가 올라가서 포만감을 느끼게 됩니다.
- 옷 모양은 방어구 내구도 수치입니다. 다른 몹들에 의해 공격당하게 되면 방어구 내구도가 깎이게 돼서 제대로 된 효과를 볼 수 없게 됩니다.
- 경험치 막대는 월드 안에서 몹을 잡거나 특정한 이벤트를 만족하면 올라가게 됩니다. 경험치가 다 오르면 레벨이 올라갑니다. 이 레벨 개념은 플레이어 뿐만이 아니라 마인크래프트의 인공지능 주민도 가지고 있어요.
- 핫바는 오른 손에 들 수 있는 아이템들을 바로 볼 수 있는 공간입니다. 숫자키나 마우스 휠로 조절할 수 있습니다.
- H 컨트롤 표시는 키보드 정보를 알 수 있습니다.

04.05. ESC(일시정지) 메뉴 익히기

마인크래프트는 ESC를 누르면 일시정지할 수 있습니다. 물론 캐릭터 혼자만 일시정지를 하는 것이지 가상세계에서는 몹들이 움직입니다. 즉, 가만히 있기 때문에 무방비 상태로 좀비들에게 공격당해 죽을 수 있습니다. 그러나 ESC를 누르는 이유는 여러 가지가 있습니다.

① 플레이 방법을 알 수 있습니다. 다양한 정보들을 익힐 수 있는데, 사실 텍스트만 있어서 이해하기 힘듭니다. 검색을 통해서 포스팅과 유튜브 영상들을 찾아보세요.

 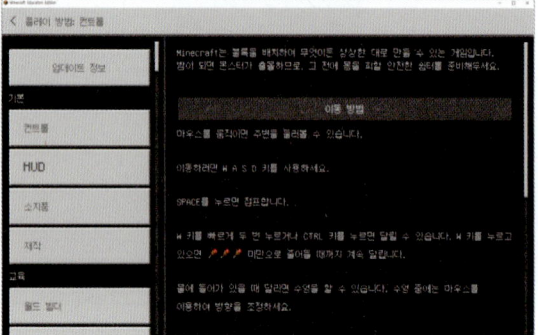

② 설정을 할 수 있습니다. 가장 많이 사용하는 것은 게임 탭의 기본 게임 모드와 난이도 변경입니다. 또 월드의 참여하는 플레이어의 권한 수준을 바꿔주기도 합니다. 학생들이 코딩하려면 권한이 운영자로 되어 있어야 하고, 만들어진 월드를 변경하지 못하게 하려면 권한을 방문자나, 멤버로 권한을 변경합니다. 좌표보기는 메타버스 세계를 만들 때 꼭 필요한 설정입니다. 그 외 항상 낮, 몹 생성, 몹에 의한 괴롭힘, 날씨 주기 등을 변경할 수 있습니다.

 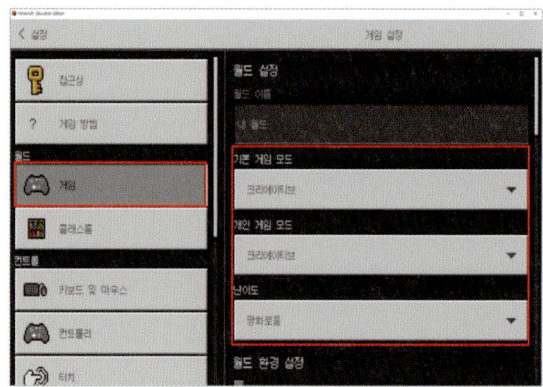

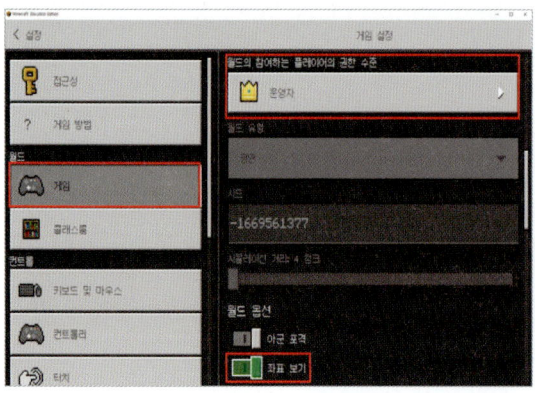 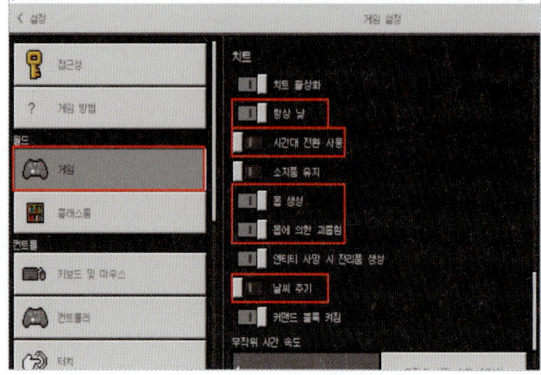

04.06. 게임 모드 이해하기

마인크래프트 에듀케이션의 게임모드는 서바이벌, 크리에이티브, 모험 모드로 구분됩니다. 각 모드에 대한 이해도가 있어야 더욱 즐겁게 마인크래프트를 즐길 수 있습니다.

04.06.01. 서바이벌 모드(Survival mode)

서바이벌 모드는 아이템을 채집 및 제작하고, 건물을 짓고, 몹들과 싸우고, 경험치를 얻고, 음식을 먹고, 세계를 탐험하는 등 다양한 활동을 하며 생존하는 마인크래프트의 가장 핵심이며 기본적인 게임모드입니다. 블록을 파괴할 때마다 종류에 따라 일정한 시간이 걸리는데, 각 블록에 맞는 도구를 사용하면 이 시간을 단축할 수 있습니다. 나무를 패려면 도끼가 있어야 하는데 나무도끼보다 철도끼가 더 금방 패지는 것과 같은 이치입니다. 이런 것들이 매우 현실적으로 조화를 이루고 있습니다. 거의 모든 블록이 파괴 되면 얻을 수 있도록 작은 아이콘 화가 되어서 인벤토리에 넣을 수 있습니다. 서바이벌 모드에서는 이렇게 블록을 파괴되면 얻은 재료를 이용해서 생존하는데 즐거움이 있습니다.

보관함(인벤토리)을 열면 아이템을 보관하는 공간, 착용구 슬롯, 2x2의 조합창, 조합법 책 등이 나타납니다. 연두색 책의 형태로 나타나는 조합법 책을 열면 여러 아이템을 제작할 때 도움을 받을 수 있습니다.

서바이벌 모드에서는 플레이가 낙하 피해, 질식, 익사, 불과 용암 등에 의한 화상으로 인한 죽음, 동사, 몹의 공격 등 여러 요소에 의해 죽을 수 있고 그에 따른 죽음 메시지도 대부분 볼 수 있습니다. 화면에는 서바이벌 모드에 맞는 생존에 관련된 정보가 나타납니다. 하트로 표시되는 체력바, 붉은 고기 모양으로 표시되는 허기 게이지, 물 속에 들어가면 공기방울 모양으로 나타나는 산소 바, 갑옷을 입으면 흉갑 모향으로 나타나는 방어 포인트 등이 있습니다. 경험치와 레벨 등도 표시됩니다.

04.06.02. 크리에이티브 모드(Creative mode)

서바이벌 모드에서 생존을 위협하던 요소가 플레이어에게 영향을 미치지 못하는 모드입니다. 그야말로 마인크래프트라는 메타버스 속에서 신이 됩니다. 모든 아이템을 마음껏 사용할 수 있으며 공중에 날아다닐 수도 있습니다. 다양한 맵, 건축물을 만들며 즐기거나 게임에 관련한 여러 가지 실험을 할 때 주로 쓰는 게임 모드입니다.

크리에이티브 모드에서는 블록을 매우 쉽게 파괴할 수 있습니다. 까딱 실수해서 왼쪽 마우스 버튼을 클릭하면 블록이 파괴되서 깜짝놀랄 때가 많습니다.

보관함을 열면 여기서 서바이벌 모드에서는 얻을 수 없는 다양한 아이템을 무제한으로 사용할 수 있습니다. 아이템을 종류별로 나눈 템이나 검색창을 이용해 원하는 아이템을 빠르게 찾을 수 있습니다. 크리에이티브 모드의 특징이 바로 비행입니다. 스페이스키를 빠르게 두 번 누르면 비행 상태가 됩니다. 비행 상태가 되면 중력으로부터 자유로워져 공중에 떠 있거나 날아다닐 수 있습니다. 비행 상태에서 스페이스키를 누르면 하늘 위로 상승하고, 쉬프트키를 누르면 반대로 내려옵니다. 비행 상태에서 점프키를 연속으로 두 번 누르면 상태가 해제되어 다시 중력의 영향을 받아 아래로 떨어집니다. 다행히 죽지는 않습니다.

화면 정보에는 기본적인 핫바 외엔 아무것도 표시되지 않는데, 크리에이티브 모드에서는 의미가 없기 때문입니다. 플레이어 레벨과 경험치 막대도 표시되지 않는데, 이 게임 모드에서는 레벨을 소모하는 마법 부여, 모두에서의 아이템 수리 등도 아무런 제약 없이 할 수 있습니다.

04.06.03. 모험 모드(Adventure mode)

모험 모드는 마인크래프트 메타버스 창작자가 만든 월드를 즐길 수 있게 만든 게임 모드입니다. 서바이벌 모드와 비슷하지만 더 많은 제약이 있습니다. 기본적으로 플레이어는 이미 놓여 있는 레버나 버튼 등의 레드스톤 장치 등을 이용하거나 몹(거래, 죽이기 등)을 통해야만 세계와 상호작용이 가능합니다. 블록을 파괴하거나 설치할 수도 없습니다.

메타버스를 만든 창작자가 여러 가지를 설정해야 플레이어가 그에 따른 상호작용을 할 수 있기 때문에 제약이 많은 세계입니다. 여기에 치트 허용 옵션까지 꺼짐으로 설정하면 할 수 있는 것이 거의 없기 때문에 세계를 생성할 때에는 모험 모드로 생성할 수 없습니다.

05 마인크래프트 에듀케이션에 나만의 농장을 만들어보자!

요새 너무 힘드시지요? 코로나19로 인해서 학교에서 가르치는 것도 힘들도, 방역 수칙을 지키는 것도 힘들고, 대체 어떻게 해야 할까~ 가고싶다~ 떠나고 싶다~ 어디로~ 산으로 강으로! 마인크래프트 에듀케이션 메타버스에서 할 수 있습니다! 일단 가실까요?

① 첫화면에서 플레이 – 새로 만들기 – 신규 를 클릭해 새로운 월드를 만듭니다.

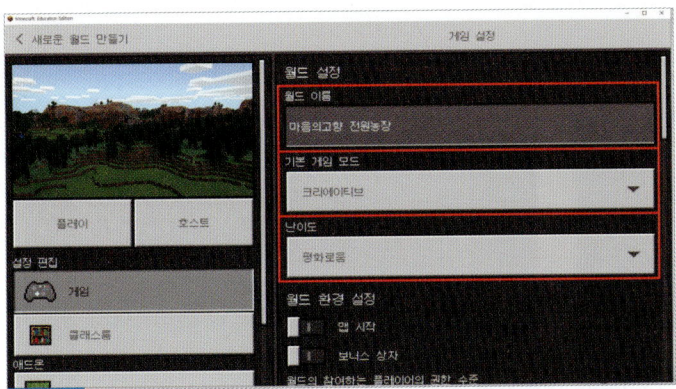

- 월드이름을 작성합니다. 한글은 약간 딜레이가 생깁니다. 유의하세요.
- 기본 게임 모드는 크리에이티브로 합니다.
- 난이도는 평화로움으로 선택합니다.
- 플레이를 클릭합니다.

② 월드가 랜덤하게 생겼을 것입니다. 혹시 사막이 나왔으면 다시 만드세요. 빠르게 두 번 스페이스를 눌러서 전원 농장을 짓기 좋은 곳으로 이동합니다. 자리를 만들기 위해서 주변을 넓혀 줍니다.

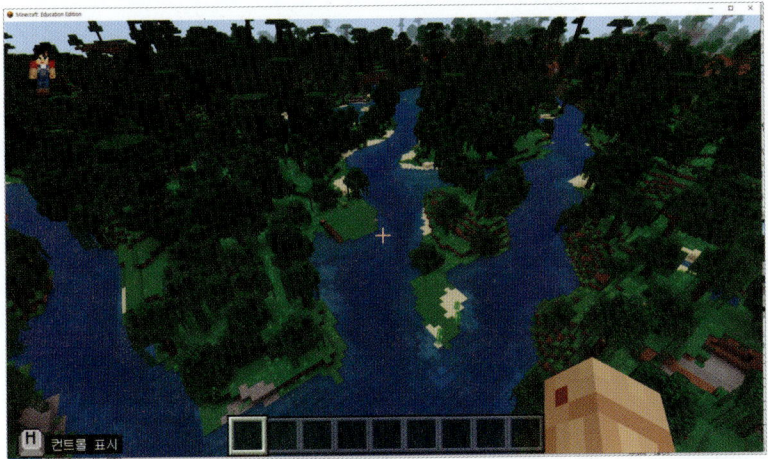

누구나 다 아는, 한 번 쯤은 해보았을 게임, 마인크래프트 에듀케이션!

③ T키를 눌러 울타리를 검색해서 핫바에 넣고, 마우스 오른쪽 버튼을 클릭을 해서 울타리를 칩니다. 잘못만들었으면 왼쪽 마우스 버튼을 클릭해서 파괴하면 됩니다.

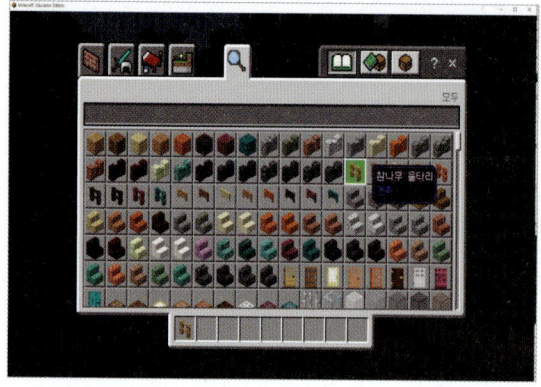 

④ T를 눌러서 돌괭이, 물 양동이, 씨앗, 호박씨, 수박씨, 비트씨앗, 작물 몇개를 준비합니다.

 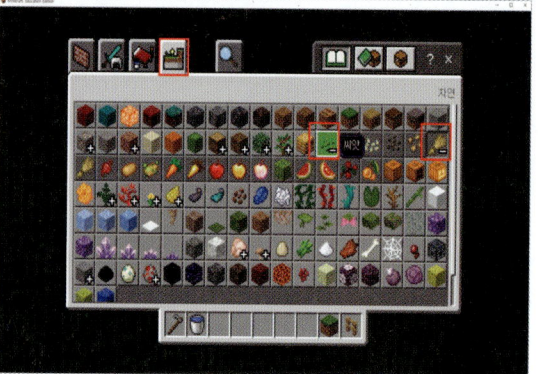

⑤ 땅을 개간합니다. 잔디 블록을 가지고 있는 상태에서 마우스 왼쪽 버튼은 땅 블록 파괴, 오른쪽 버튼은 잔디블록을 넣습니다. 파괴하다가 실수하면 다시 메꾸도록 합니다. 고랑에 물 동이로 물을 뿌립니다. 핫바에서 물 양동이를 선택후 오른쪽 마우스 버튼을 몇 번 클릭하면 물이 찹니다.

⑥ 돌괭이로 땅을 개간합니다. 잔디 블록의 잔디 거죽만 벗겨지는 것을 볼 수 있습니다. 그 후 씨앗을 뿌려 줍니다.

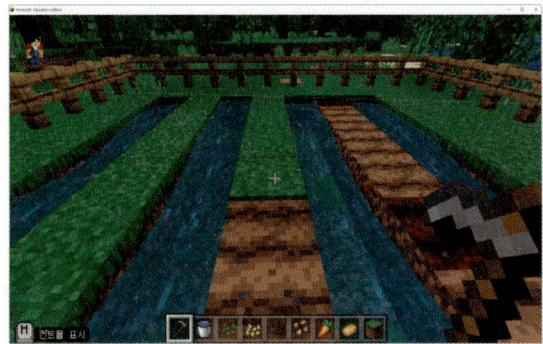 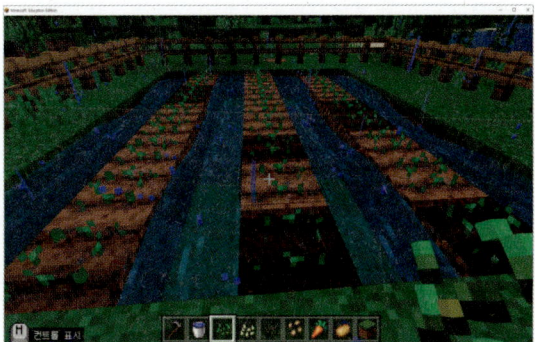

⑦ 시간이 지남에 따라 새싹이 자라는 모습을 볼 수 있습니다. 더 잘자라게 하기 위해서는 뼛가루 아이템을 뿌리면 더 빨리 자라게 할 수 있습니다.

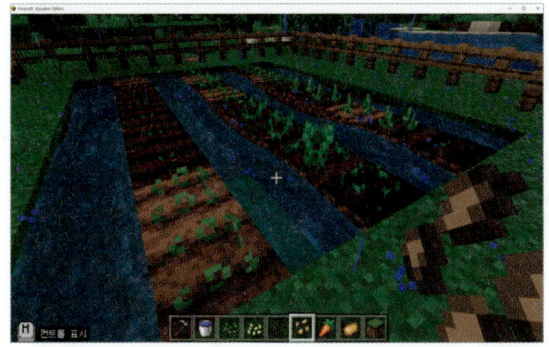 

⑧ 수확을 하기 위해서는 게임모드를 서바이벌 모드로 변경해야 합니다. 농작물을 왼쪽 마우스버튼을 눌러 파괴하면 작은 아이템이 나옵니다. 가까이가면 수확하게 됩니다. E키를 눌러 확인할 수 있습니다.

 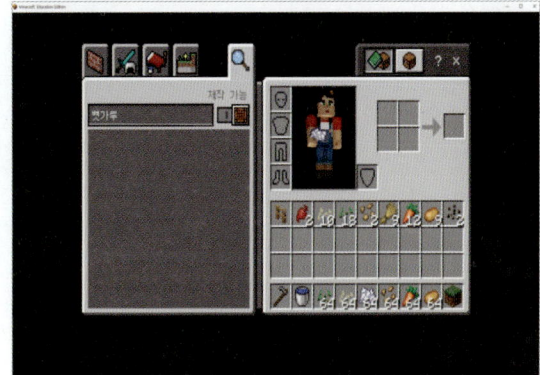

⑨ 이번에는 동물농장을 만들어 볼까요? C키를 눌러(또는 코드 커넥션을 연결) 코드 빌더를 불러온 뒤, 메이크코드를 실행합니다. 프로젝트를 만들어 줍니다.

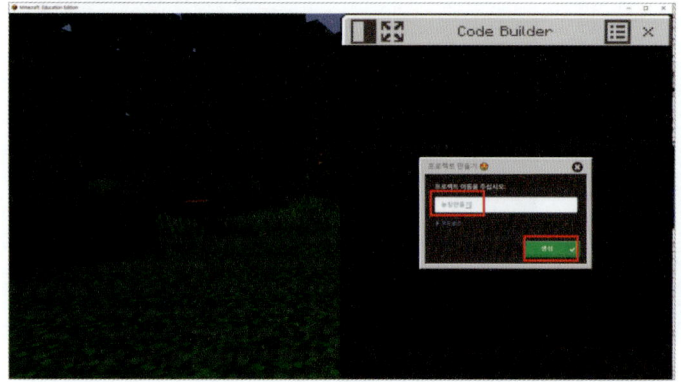

⑩ 양 한 마리를 소환해 볼까요?

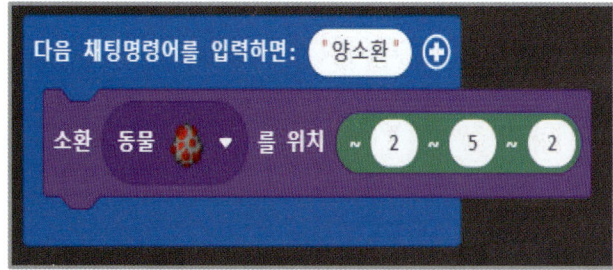 

⑪ 닭을 한 열 마리 소환해 볼까요?

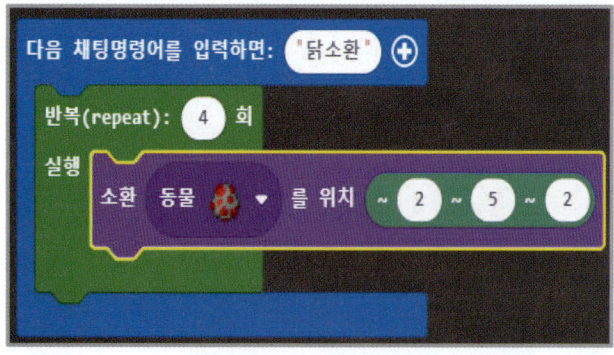 

마인크래프트 에듀케이션에서는 이렇게 코딩 교육도 함께 할 수 있습니다. 손가락으로 블록도 쌓아가며, 머리를 써가며 코딩을 해서 뚝딱뚝딱 전원 주택도 만들어 보세요.

06 마인크래프트 에듀케이션 메타버스 활용 교육! 초·중등수업, 이렇게 해보세요!

중등선생님: 선생님! 마인크래프트가 초등학교 학생들이 굉장히 좋아하는 플랫폼이라고 하는데... 중학생이나 고등학생들도 충분히 재밌게 할 수 있는 좋은 교육 활동은 없을까요?

초등학생 뿐만이 아니라, 중학생이나 고등학생도 마인크래프트 에듀케이션을 가지고 충분히 즐겁고 유익하게 수업을 할 수 있습니다. 초 중등 학교급별로 간단히 사례를 소개해 드려 볼께요.

06.01. 마인크래프트 초등교육 활동 아이디어 "공간과 입체"

마인크래프트의 가장 특징은 블록입니다. 이 블록 하면 떠오르는 것? 바로 쌓기나무지요? 초등학교 6학년 2학기 수학에 공간과 입체 단원이 있습니다. 쌓기나무로 만든 입체도형을 보고 사용된 쌓기나무의 개수를 구하거나, 쌓기나무로 만든 입체도형의 위, 앞, 옆에서 본 모양을 표현할 수 있고, 이러한 표현을 보고 입체도형의 모양을 추측해보는 활동입니다. 마인크래프트를 교과 수업에 활용하기 가장 좋은 영역입니다. 마인크래프트 블록 자체가 바로 쌓기나무처럼 활용할 수 있기 때문입니다.

쌓기나무를 쌓아보고, 뒤의 모습을 상상도 해보거나 개수를 세어보기도 합니다. 쌓기나무 모양대로 쌓으면서 숫자를 세어보기도 하지만, 블록을 부수면서 세어보니 아이들은 카타르시스를 느끼는 듯 매우 흥분해서 날뛰게 됩니다. 위에서 본 모양의 쌓은 개수만 보고 쌓기나무를 할 수도 있고, 위, 앞, 옆에서 본 모양을 카메라로 찍어 남길 수도 있습니다. 여러 친구들이 메타버스 안에서 자기 키보다 큰 쌓기나무를 하는 것은 실제 쌓기나무로 하는 것보다 더 많은 집중력과 흥미를 끌어냅니다.

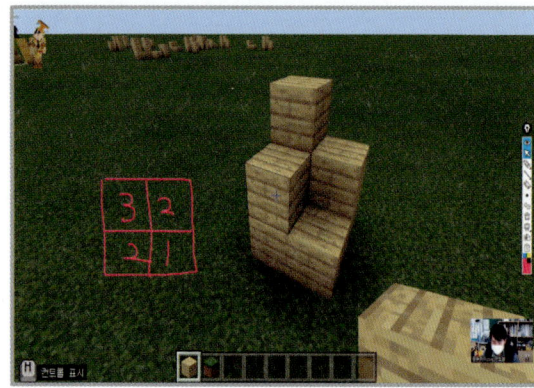

06.02. 마인크래프트 중등교육 활동 아이디어 "메타버스 영화창작동아리"

그렇다면, 중등에서는 어떻게 활용할 수 있을까요?
아무래도 중등교육에서 중요한 활동은 무엇일까요? 자유학기제와 고교학점제가 되겠지요.
자유학기제 같은 경우에 자신의 소질과 적성을 키울 수 있도록 다양한 체험활동을 중심으로 교육 과정을 운영하는 제도인데요. 특히 주제선택 활동, 예술 체육 활동, 동아리 활동, 진로탐색 활동 영역으로 특화되어 있습니다. 메타버스와 자유학기제를 연계하면 이 모두를 포괄할 수 있습니다.

주제선택 활동으로 학생들은 교과에서 확장된 '역사왜곡'을 어떻게 저지할 수 있을까에 대한 프로젝트를 진행하였습니다. 그렇게 정한 것이 역사왜곡에 대한 인식을 고취시킬 수 있는 '영화창작' 이었습니다.
진로탐색 활동으로 학생들은 커리어넷이나 워크넷 등에서 진로심리검사 후, 스스로 자신의 적성과 소질을 고려해 진로직업분야를 선택하게끔 합니다. 그 중에서 영화감독, 작가, 모델, 배우, 프로그래머, 촬영이나 편집 등 미디어 분야 전문가, 성우, 가상현실 전문가 등을 모아 봅니다.

이렇게 학생들은 영화를 기획-시나리오-연기연습-촬영-편집-상영-홍보를 하는 '예술체육활동'을, 방과후, 주말을 가릴 것 없이 영화창작 '동아리 활동'을 전개합니다. 경쟁교육 대신 학생들의 소질과 잠재력을 계발하고, 학생의 스트레스 감소 및 행복감이 오르는 '영화 협력 제작 프로젝트'야 말로 학생의 인성, 감성 역량을 함양하여 전인적 성장을 이루는 것이었습니다.

이렇게 경험한 활동들이 결국 자신의 진로를 설계할 고교학점제로 이어질 것입니다. 너무 중요하지 않을 수가 없겠지요? 이러한 활동으로 만들어진 영화, 시간 되실 때 살펴보시기 바랍니다.

*출처: https://youtu.be/jRGCS9ovVUQ

> **줄거리**
> 동아리 활동으로 역사체험 도중, 오래된 유물을 통해 백제시대의 장군으로부터 이야기를 전해 듣는다. 일본의 한 비밀집단에서 과거 백제로 음양사를 보내 역사를 바꾸려고 한다는 것이다. 천재 프로그래머의 도움을 받아 마인크래프트로 타임머신을 개발한 역사 동아리 친구들은 백제시대로 돌아가 역사를 왜곡하려는 일본의 음모를 막는다.

마인크래프트 메타버스
타고 떠나는 흥미진진
역사여행!

CHAPTER 03

마인크래프트 활용 마을교육 준비하기

01. 공세리성당 메타버스와 교육과정을 연계하자!
02. 공세리성당 메타버스 제작 준비하자!
03. 공세리성당을 메타버스로 만들어보자!

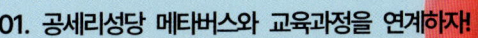

01 공세리성당 메타버스와 교육과정을 연계하자!

2020년 5월 5일 청와대에서는 어린이날을 맞이하여 전 세계적으로 인기를 끌고 있는 게임인 마인크래프트를 활용해 청와대 메타버스를 만들고 어린이들을 초대하는 이벤트를 열었습니다. 평상시라면 청와대에서 매년 어린이날이 다가올 때마다 전국의 어린이들을 초청하여 대통령과 만남의 시간을 갖거나 청와대를 탐방하는 기회를 제공했지만 2020년 코로나-19 확산으로 '사회적 거리두기'를 실시하게 되면서, 오프라인 모임을 하기 어렵게 되었습니다. 이를 대신하여 아이들이 좋아하는 마인크래프트로 청와대 메타버스를 구현하고 온라인 상에서 초청 행사를 진행한 것입니다. 우리나라에서 마인크래프트는 그저 게임이라는 인식이 강하였는데, 이렇게 청와대를 메타버스 플랫폼인 마인크래프트로 구축하여 메타버스에 대한 인식이 높아지는 계기가 아니었을까 싶네요.

*출처: https://www.youtube.com/watch?v=Lk92k_k1HMA (청와대 공식 유튜브 채널)

마인크래프트가 세계적인 문화유산인 피라미드나 유럽식 성, 판타지 세계의 메타버스로만 활용되는 것이라 생각이 되었는데, 이렇게 우리가 현실적으로 접할 수 있는 곳도 마인크래프트로 만들어지는 구나 라는 생각을 갖게 된 계기가 아니었을까 싶네요.

01.01. 공세리성당 구축 이유

*출처: https://youtu.be/v6w-BJnlRi4

충청남도 아산교육지원청은 이 같은 흐름에 발맞춰 메타버스를 활용해 새로운 형태의 현장체험학습의 장을 구축하고 확대하고자 하였습니다. 코로나-19 확산으로 학생들이 직접 현장체험학습을 나가기 어려운 상황에서 마을교육과 향토사 교육, 그리고 메타버스 활용 교육이 융합된 지역화 교육자료 개발에 나섰습니다. 이에 아산교육지원청과 충남소프트웨어ICT교육연구회가 협력하여 아산시 대표 랜드마크인 공세리성당을 마인크래프트로 구현하는데 성공했습니다.

01.02. 공세리성당 메타버스와 교육과정 연계하기

*출처:
https://youtu.be/v6w-BJnlRi4
(영상 화면 캡쳐)

공세리성당은 충청도에서 오래된 성당으로서 약 120여 년의 역사를 자랑하고 있습니다. 충청남도 지정 기념물 144호이면서, 2005년도에 한국 관광 공사가 대한민국을 대표하는 가장 아름다운 성당으로 선정한 성당입니다. 또 여러 드라마나 영화 촬영지로 활용되기도 했습니다. 순교자의 유해가 전시되어 있어서 순례성지 중 하나로도 꼽힙니다.

그렇다면 공세리성당 메타버스는 어떻게 활용될 수 있을까요? 학생들은 마인크래프트로 구현된 공세리성당에 접속하여 성당 안팎과 피정의 집, 박물관 등 여러 곳을 가상으로 견학하며 사진을 찍고 이를 포트폴리오로 남길 수 있습니다. 마인크래프트 내 기술적 부분을 활용해 사진들을 파일로 저장해서 현장체험학습 보고서를 작성할 수도 있지요. 이렇게 포트폴리오 식으로 저장한 사진을 실제 견학과 비교하는 것도 하나의 재미라고 할 수 있겠습니다.

실제 공세리성당 내부   **마인크래프트 메타버스 속 공세리성당 내부**

*출처: 직접 촬영

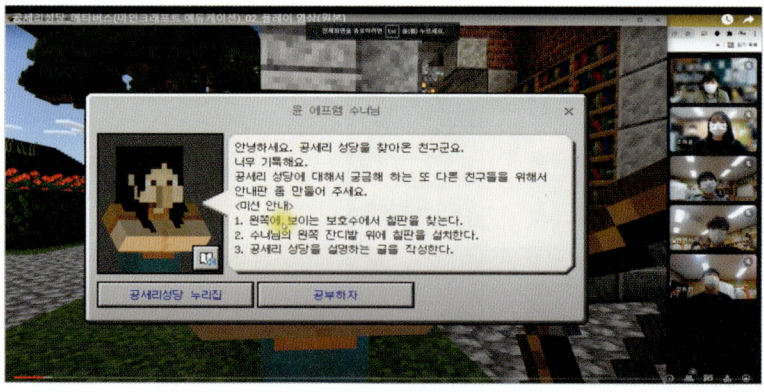

*출처: https://youtu.be/v6w-BJnlRi4 (사진 영상 캡쳐)

마인크래프트 교육용 에디션에서는 미션을 주는 NPC(non-player character)를 만들 수 있습니다. 학생들이 공세리성당의 유래나 역사적 의의를 조사하고 이를 미션이나 한편의 액션 모험극이 될 수 있는 스토리로 구상하는 등 자기 주도적으로 역사를 깊게 공부할 수 있습니다.

마지막으로 메타버스를 직접 구축해 보면서 학생들의 창의적인 아이디어를 도출해 내고 실제 생활에서 활용할 수 있는 기술을 익히며, 공간을 이해하는 능력을 기를 수 있을 것입니다. 그뿐만 아니라 코딩을 활용함으로써 학생들의 문제 해결력이나 컴퓨팅 사고력(CT) 신장에도 도움이 될 것입니다.

01.02.01. 초등교육과정과 연계하기

초등학교 4학년 사회 교과와 연계해서는 '고장과 관련된 옛이야기를 통하여 고장의 역사적인 유래와 특징을 탐구하는 과정'에 활용할 수 있겠습니다. 요즘 학생들에게 고장에 대한 애향심이나 향토사에 관해 묻는다면 아마 대답하기 어려울 것입니다. 그만큼 관심이 없는 분야이기도 하고 어려운 부분이기 때문에 체험학습이 필요한 분야이기도 합니다. 그러나 코로나-19로 현장체험학습이 어려운 현실입니다. 이러한 한계를 극복하기 위해 메타버스를 활용한 현장체험학습을 계획해 보는 건 어떨까요? 가상공간에서 여행하며 고장에 전해 내려오는 대표적인 문화유산을 살펴보고, 이를 통해 고장에 대한 자긍심과 지역의 문화유산을 소중히 여기는 태도를 기르게 할 수도 있겠습니다.

초등학교 6학년 사회교과와 연계해서는 지구촌에서 일어나는 다양한 갈등 사례 중 종교가 원인이 된 사례를 조사하여 이를 해결할 수 있는 방안을 모색하는 내용이 있습니다. 순교성지인 공세리성당의 박해를 받은 과거의 사실을 토대로 현재와 비교해 보는 등 우리의 삶에 비추어볼 수 있는 거울이 될 것입니다.

01.02.02. 중등교육과정과 연계하기

중등 역사과와 연계해서는 조선 후기의 정치 변동과 사회 변화와 농민의 봉기, 학문과 예술의 새로운 경향, 생활과 문화의 새로운 양상을 탐구할 수 있겠습니다. 중등 지리에서는 이곳 공세리성당이 포구가 있었던 지역으로 현재의 위치와 비교해서 지표가 정해져 있는 것이 아니라 변할 수 있음을 확인하게 할 수 있겠습니다.

중등 세계 지리과와 연계해서는 세계의 주요 종교별 특징과 주된 전파 경로를 분석하고, 주요 종교의 성지 및 종교 경관이 아닌 상징적 의미들을 비교하고 해석할 수 있겠습니다. 또한 종교, 건축 등 다양한 문화로 널리 알려진 지역을 사례로 각 문화의 형성 배경과 의미를 이해하고 관광적 매력을 끄는 이유를 탐구해 볼 수도 있겠습니다.

02 공세리성당 메타버스 제작 준비하자!

실제 공세리성당 메타버스를 구축하는 프로젝트가 시작되고 나서 가장 먼저 한 것은 사전답사입니다. 사전답사를 위해 선생님들과 모여서 공세리성당을 방문하였습니다. 신부님과 수녀님을 만나 여러 이야기를 들었고, 성당 내부와 외부를 꼼꼼히 둘러보며 보도블록, 나무, 풀, 건물의 재질 등과 같이 세세한 부분을 확인하고 카메라에 담았습니다.

실제 공세리성당 입구	마인크래프트 속 공세리성당 입구

*출처: 직접 촬영

또한 마인크래프트 메타버스 상에서 성당을 구현하기 위해 각 건물의 가로, 세로, 높이를 걸음걸이로 어림하였습니다. 물론 실제와 똑같은 비율로 만들지 않아도 되지만 학생들이 조금이나마 메타버스 상에서 현실 세계와 비슷한 경험을 선사하기 위해 측정하였습니다.

답사 후 제일 먼저 생각해야 할 부분이 언덕이었습니다. 마인크래프트 속 평평한 맵(잔디 템플릿)

에 언덕을 쌓아 올린것인지, 언덕이 있는 맵에서 땅을 파내 층계를 만들 것 인가를 결정해야 했습니다. 상의 결과 공세리성당이 위치한 부분의 언덕은 공간이 많이 차지하지 않아 잔디 템플릿에 언덕을 쌓아 올리는 게 더 수월하겠다는 의견이 많았습니다.

그다음 고민했던 부분은 어떤 블록을 사용할지였습니다. 블록의 재질을 보고 벽돌류/ 나무류/ 콘크리트류로 분류하였고 이에 해당하는 블록으로 건축을 해보았습니다. 실제 공세리성당과 비슷하게 만들기 위해 어떤 블록을 사용할까 고민도 많이 하고 만들고 비교하고, 부시고, 다시 만들고 반복 끝에 오랜 시간이 걸렸지만, 시작이 반이라고 어떤 블록을 놓을지 결정하는 것만으로도 건축의 반은 끝났다고 생각했습니다.

03 공세리성당을 메타버스로 만들어보자!

공세리성당 메타버스는 현직 초등학교 선생님 6명이 모여서 만들었습니다. 함께 월드에 모여서 작업을 하기도 하고 개별적으로 시간이 날 때마다 접속하는 시간을 정하고 서로 번갈아 가면서 작업을 하기도 했지요. 그렇게 작업을 하다 보니 꼬박 2달 정도의 시간이 걸렸습니다. 물론 2달 내내 블록 작업을 했다기보다는 틀을 잡고, 건축물을 어떻게 세울 것인가 협의도 하는 시간이 필요했고, 전문 직업적으로 하는 것이 아니다 보니 손에 익지 않아서 어려웠습니다.

분명한 것은 마인크래프트는 굉장히 애착이 많이 가는 메타버스 플랫폼이였습니다. 다른 메타버스 플랫폼은 가상현실을 구축할 때 주어진 건축물이나 아이템들이 있어서 클릭하면 생기지만, 마인크래프트 메타버스는 마치 장인이 한땀 한땀 수를 놓아 옷을 만들 듯, 블록을 하나하나 쌓아서 장인정신이 스며들기 때문입니다.

자, 이렇게 만든 마인크래프트 메타버스. 유명 유튜버들이 꼬박 한두달 만들었다는 엄청나게 거대한 피라미드나 마을은 아니지만, 현직 선생님들이 우리 학생들의 교육을 위해 만들어 공개한 아산 공세리성당 메타버스 만들기 대여정을 소개합니다.

> 미리 공세리성당 메타버스 월드를 다운받아 실행해서 살펴보시면 더욱 좋습니다.
> 월드 다운로드 방법 : https://blog.naver.com/kyutto/222591220170

03.01. 전체적인 구역을 나누고 언덕 만들기

가장 먼저 공세리성당의 전체적인 구역을 어떻게 잡을까 고민을 해야합니다. 공세리성당의 경우 초입인 주차장을 기준으로 구역을 설정하기로 했습니다. 그다음 고민은 마인크래프트 메타버스 내 주차장 크기를 얼마만큼 잡아야 할지 기준이 필요했습니다. 고민하다가 장애인 주차 구역을 떠올렸습니다. 주차장의 전체 크기는 마인크래프트 상에서 장애인 주차 구역 로고를 만들 수 있을 만큼의 크기를 한 칸으로 잡고, 일반 자동차 주차 구역은 장애인 주차 구역을 기준으로 만들어 나갔습니다. 그 위에 자동차를 만들었습니다. 이렇게 공세리성당의 초입이자, 언덕의 아래 입구와 주차장 터를 잡고, 코딩을 활용하여 한층 한층 언덕을 만들었습니다.

자동차와 장애인 주차 구역

공세리성당 입구 및 주차장

한층 한층 넓게 쌓아가는 것은 손으로 일일이 블록을 만드는 것보다 코딩으로 수천장을 깔고 세부적인 부분을 손으로 다듬는 것이 더 효율적입니다. 이처럼 큰 틀은 코딩 작업으로 간단히 실행하고, 실제 건축과 비슷한 모양으로 만들기 위해서는 손수 작업(일명 노가다)이 필요한 이유입니다. 그런데 여기서 주의할 점! 마인크래프트는 컨트롤+Z 라고 일컬어지는, 일명 되돌리기가 없습니다. 코딩으로 한 번에 쫙 블록이 깔다가 혹시 실수해버리면 그동안 작업했던 것이 홀라당 파괴되거나 망가지게 됩니다. 코딩을 할 때 유의해야 합니다.

지붕 코딩시 y좌표를 제대로 기입한 예

지붕 코딩시 y좌표를 잘못 기입한 예

언덕을 코딩 작업을 해서 층층히 만드는 예입니다. 왼쪽 그림은 코딩으로 일단 층층이 잔디 블록과 대리석 블록을 쌓는 모습입니다. 정돈되지 않은 모습이지요? 언덕과 계단을 층층이 쌓으면서 조금씩 다듬기 작업을 한 모습이 오른쪽입니다. 이렇게 하니 언덕이 매끄럽게 나왔다라는 느낌을 받으실겁니다.

코딩작업을 통해 언덕을 쌓는 모습

언덕을 다듬기 한 후의 모습

03.02. 건물 기초 틀 잡기

이제 건물을 만들어 보겠습니다. 공세리성당의 건물은 크게 성당, 베네딕토관, 박물관, 사제관으로 나눕니다. 건물을 건축할 때 가장 먼저 해야 할 것은 틀을 만드는 것입니다. 창문이나 문의 크기를 기준으로 비율을 잡아 전체적인 건물의 크기를 잡아봅니다.

공세리 성당 옆면 창문과 벽 모습

베네딕토관 기초 틀

만약 창문이 걸음걸이로 2걸음 정도이고 옆면이 40걸음이면 창문과 옆면의 비가 1:20입니다. 따라서 만약 내가 창문을 블록 3개를 놓는다면 옆면은 블록 60칸을 놓는 식으로 실제 비율과 비슷하게 작업을 합니다.

또 높이는 성당의 창문을 기준으로 성당 앞면의 틀을 높이를 설정하였습니다. 앞면에 창문이 3개가 들어가야 하므로 창문 3개가 들어갈 수 있는 충분한 높이로 기본 틀을 설정합니다.

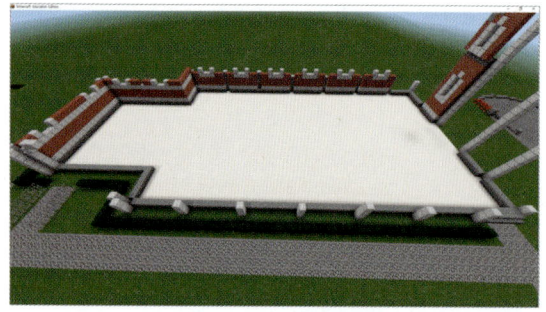

공세리성당 기초 틀

공세리성당 높이 틀 비율 잡는 모습

03.03. 건물 건축하기

공세리성당의 붉은 벽돌 외벽을 가장 잘 표현하는 블록은 역시 마인크래프트에서 그대로 표현 가능한 '벽돌 블록'입니다. 그리고 성당의 경계선을 표시하는 대리석은 '부드러운 섬록암' 블록으로 표현이 가능합니다. 유리창은 '판유리 블록'으로, 짙은 대리석은 '갈라진 석재 벽돌'을 이용합니다.

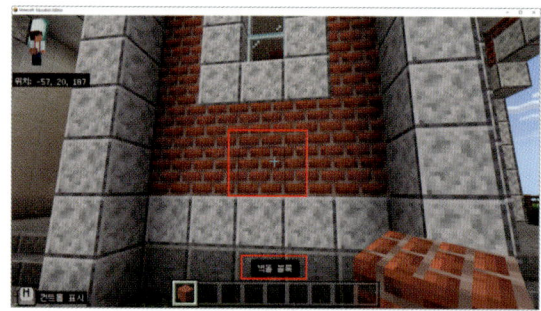

성당의 붉은 외벽은 벽돌 블록

경계선 표시 블록은 부드러운 섬록암

성당 내부로 향하는 출입문 바닥의 입구는 '부드러운 안산암' 블록을 이용합니다. 이렇게 하니 사람들이 출입하느라 짙어진 것이 세워진 흰 벽과 대비되서 표현이 되지요? 성당 내부는 '아카시아 나무 판자' 블록을 이용해서 성당 내부 모습 분위기를 냅니다.

짙은 대리석은 갈라진 석재 벽돌

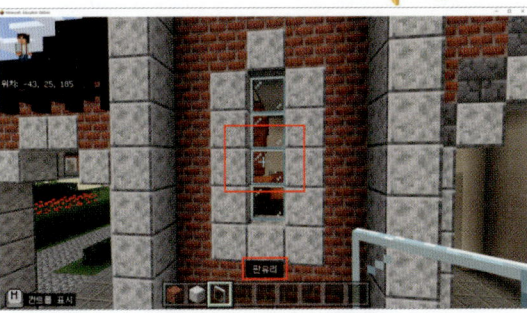
유리창은 판유리 블록

성당 내부 출입문 바닥은 부드러운 안산암

성당 내부 나무바닥은 아카시아나무 판자

블록으로 건물을 건축하면 빛이 차단되어서 내부는 어두워집니다. 그래서 빛이 나는 블록을 이용해 조명을 만들어줘야 합니다. 조명으로 사용할 만한 몇 가지 블록을 추천드리면 다음과 같습니다. '바다 랜턴' 블록이 대표적으로 많이 쓰입니다. 마인크래프트 메타버스 내에서 빛을 내는 블록이나 아이템이 있는데, 조도를 발광력이라고 합니다. 바다 랜턴은 발광력이 최상위권에 해당되어 매우 밝습니다. 일렬로 세우면 형광등처럼 표현도 가능합니다. 또한 주광 불빛을 표현할 때나 은은한 분위기를 연출할 때는 '랜턴'을 많이 사용합니다.

형광등처럼 표현된 바다 랜턴

은은한 주황 조명을 표현할 때 쓰는 랜턴

마인크래프트는 정육면체 블록을 이용해서 표현하기 때문에 완벽한 곡선을 나타내기가 쉽지 않습니다. 특히나 성당의 지붕 구조나, 출입문에는 아치형 구조가 많이 사용되는데, 이러한 아치형 구조를 정육면체 블록으로 표현하기는 어렵습니다. 이러한 경우 가장 근접한 곡률이 나오도록 계산을 해야합니다. 또한 완벽한 좌우 대칭을 위해서 좌우 블록의 위치 조절을 잘해야 합니다.

 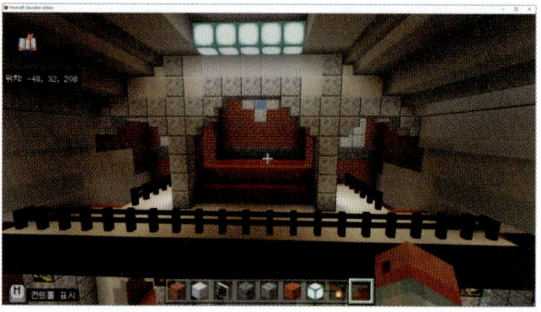

성당 내부 아치형 구조를 표현하기 위한 좌우대칭   **실제 건축물에서 자주 볼 수 있는 아치형 구조**

성당 건축을 하면서 바닥이나 옆면 기둥같이 단순한 작업은 코딩을 통해 작업하고, 블록이 자주 바뀌거나 모양을 내야 하는 곳은 손수 작업이 필요합니다. 건축을 하며 실제 사진과 비교하고 어색한 부분과 어울리지 않은 부분이 생기면 다시 작업하면서 수정해갔습니다.

 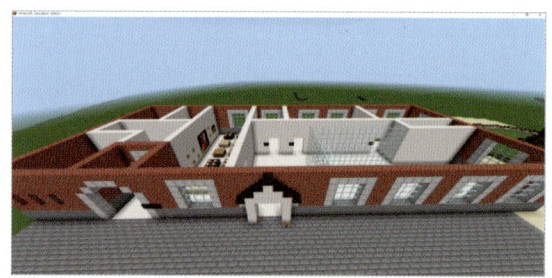

공세리성당 중간 점검   **베네딕토 관 중간 점검**

03.04. 조경(꽃과 나무) 구현하기

공세리성당 건설에서 가장 공들였던 작업이 성당 작업과 조경작업입니다. 공세리성당에는 약 300년 된 보호수가 있어 심혈을 기울여 작업했습니다. 공세리성당 메타버스 내 가장 큰 나무인 보호수의 기둥은 '잘린 참나무' 블록을 이용하였습니다. 나무가 모두 같은 색이면 재미가 없겠지요? 다양한 나무 블록들이 있습니다. E키를 눌러서 돋보기 검색창에 "나무"라고 검색하면 다양한 색과 질감을 표현할 수 있는 나무 블록들이 있습니다.

잘린 참나무 블록을 이용한 보호수 기둥

다양한 나무 블록으로 다양한 색과 질감 표현 가능

나뭇잎은 '참나무 잎' 블록을 이용해서 중간중간 블록을 쌓아주면 됩니다. 나뭇가지는 역시 곡선으로 표현할 수 없기 때문에 블록들을 이어 쌓고 중간중간 블록을 부시는 방법을 활용해 나뭇가지가 사방으로 뻗어나가는 모습을 표현할 수 있습니다.

블록들을 이어 쌓고 부시면 공중에 뜨는 나뭇가지

'참나무 잎' 블록으로 표현한 보호수 나뭇잎

일렬로 심어진 꽃밭의 경우 에이전트를 활용해 꽃들을 심었습니다. 다만 화단의 경우는 모양이 각기 달라 코딩이 어려워 손수 심었습니다. 꽃과 화단을 만든 후 나머지 잔디 블록에는 성장이 빨라지는 '뼛가루' 아이템을 뿌려 잔디와 꽃이 가득한 조경 작업을 마무리 하였습니다.

손수 작업한 불규칙 화단

코딩으로 규칙적으로 심은 꽃밭

03.05. 마무리하며...

실제 마인크래프트 건축을 전문적으로 하는 직업인이 아닌 선생님께서, 수업과 맡은 업무를 병행하며 시간이 날 때마다 마인크래프트에 접속해서 2달여간의 시간 동안 작업하였습니다. 사전답사 때 공세리성당을 둘러보면서 이 아름다운 유적지를 우리가 구현할 수 있을까 염려도 되었지만 막상 마인크래프트로 구현하고 나니 뿌듯하고, 학생들도 실제 성당과 비슷하다는 피드백을 해주니 성취감이 느껴졌습니다. 앞으로 많은 학생이 메타버스를 타고 흥미진진한 공세리성당 역사여행을 떠났으면 좋겠습니다.

실제 공세리성당

마인크래프트 메타버스 공세리성당

*출처: http://www.soonmo.com/index.php?document_srl=12025&mid=board_gUvr70

CHAPTER 04

게이미피케이션과 융합한
마인크래프트 메타버스 활용하기

04. 공세리성당 메타버스와 게이미피케이션을 알아보자!

05. 공세리성당 메타버스에 게임요소를 넣어보자!

04. 공세리성당 메타버스와 게이미피케이션을 알아보자!

메타버스에 접속해 수업을 하는 경우 대부분 두 가지 상황이 발생합니다. 열심히 구축한 공세리성당 메타버스에 학생들이 참여를 하지만, 어떤 경우에는 학생들이 "아~ 이것이 공세리성당이구나." 하고 조금 돌아다니다가 나가 버립니다. 어라? 이것이 아닌데. 공세리성당 메타버스 안에 설치된 표지판도 읽어보고, 좀 돌아다녀야 할텐데, 왜이래?

두 번째 경우입니다. 학생들이 신납니다. 아드레날린이 너무 뿜어져 나옵니다. 난리 났습니다. 메타버스 안에 있는 표지판에서 자꾸 무엇인가를 읽고, 퀴즈를 맞추려고 노력하고, 보상을 얻으려고 합니다. 몹과 싸우기 위해 아이템을 얻으려고 이곳저곳 구석구석을 돌아다닙니다. 이렇게 하고 나니 학생들은 공세리성당을 선생님보다 더 잘 압니다. 이게 대체 어떻게 된 일일까요? 이것이 바로 게이미피케이션의 힘입니다.

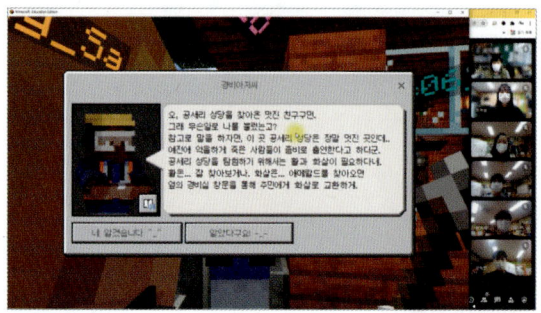 

04.01. 게이미피케이션이란?

2020년 3월, 코로나19가 확산되자 세계보건기구 WHO는 사회적 거리 두기의 하나로 게임을 적극적으로 권하는 'Play apart together(떨어져서 함께 즐기세요)' 캠페인을 벌였습니다. 팬데믹 상황에서 게임은 누구나 즐길 수 있는 문화생활로 발전하고 있으며, 오래전부터 우리나라는 e스포츠라는 한 산업으로 인정받고 있어, 여전히 부정적인 여론이 많지만 그나마 편견이 조금씩 벗겨지고 있는 추세입니다.

온라인 시대, 원격 시대, 비대면 시대 등 다양한 단어로 일컬어지는 초연결사회를 예상보다 빠르게 경험하게 되면서 게임은 이제 단순한 오락을 넘어 교육, 정치, 문화, 산업 등 다양한 분야로 확대되고 있습니다. 그러다 보니 자연스럽게 게임이 우리 일상생활에 녹아들고 있는데요. 이처럼 게임 요소를 다양한 분야에 접목하는 것을 게임(game) + ~화 하기(fication), '게이미피케이션(gamification)'이라고 합니다.
<참고:http://www.incheonilbo.com/news/articleView.html?idxno=1092699>

그럼, 게임이란 무엇일까요? 혹시 흥미를 유발하고, 경쟁관계를 만들고, 성취를 보상해 주는 게임 특유의 메커니즘을 떠올리지 않으시나요? 맞습니다. 이런 게임은 이미 오래전부터 메타버스를 활용해왔습니다. 현실과 가상이 공존하는 2차원 세계의 메타버스 대표 사례로 꼽히는 게더타운, 게더타운 이전에 바람의 나라라는 게임이 있었고, 3차원 세계의 메타버스 대표 사례로 꼽히는 마인크래프트와 로블록스, 그들 이전에는 디아블로, 리니지, 월드오브워크래프트, 배틀그라운드 등의 게임이 있었습니다. 즉, 메타버스라고 일컬어지는 근래의 플랫폼들은 사실은 게이미피케이션의 원리를 차용하고 있던 것입니다.

04.02. "메타버스는 게임을 토대로 만들어질 것이다"

"메타버스는 게임을 토대로 만들어질 것이다."
미국 컨설팅회사의 CEO로 유명한 마이크 울프 최고경영자는 최근 월스트리트저널이 개최한 '테크 라이브'행사에서도 "메타버스로 가는 가장 확실한 길은 게임에 있다. 메타버스를 하려는 기업은 가장 먼저 게임을 이해해야 한다."고 강조하면서, "게임이 메타버스 플랫폼으로 바뀔 것."이라는 예측도 내놨습니다.

아바타가 활동하는 메타버스는 가상 세계에서 다양한 캐릭터를 구현한 게임과 매우 비슷합니다. 실제 게임은 메타버스의 핵심요소들을 갖추고 있습니다. 우선 대규모 사용자입니다. 인기 게임은 전세계 수백, 수천만명의 사용자를 거느리고 있습니다. 2020년 3월에 출시한 닌텐도의 '모여봐요 동물의 숲'은 전세계 34백만장이 팔렸습니다. 충성도 높은 사용자가 3천만명이 있다는 이야기이지요. 미국 게임 플랫폼 로블록스의 일일 평균 접속 사용자수는 21년 연말 기준으로 4천만명에 달합니다. 게임이지만 현실세계처럼 많은 사람들로 붐비고 있다는 것입니다.

그럼 이렇게 붐비는 이유는 무엇일까요? 메타버스 플랫폼의 인기가 있고 없고의 차이는 메타버스 내 게임이 있고 없고입니다. 적어도 지금의 메타버스 흥행에서도 게임의 역할이 상당히 큽니다. 블록체인과 NFT(대체불가토큰)가 메타버스에 탑재되어 다양한 경제 활동이 왕성하게 일어나기 전까지 사용자를 가상세계에 묶어 두려면 '재미'를 줘야 하는데, 게임만한 것이 없기 때문입니다. 네이버 메타버스 플랫폼 제페토의 공식 맵 중에서 점프 마스터가 압도적인 인기를 끄는 이유가 바로 이 때문입니다. 여러명의 아바타들이 점프로 장애물을 뛰어 넘으며 타워를 탈출하는 게임인데 누적 방문자 횟수가 1억 4700만 번으로, 다른 대표 공식 맵 '한강 공원'의 2천 8백만보다 5배 이상 많습니다. 로블록스의 일일 평균 방문자수가 제페토바다 2배 이상 많은 것도 게임의 힘이란 분석이 나옵니다. MZ세대뿐만 아니라 젊은 알파세대는 현재 메타버스를 '게임'으로 인식한다는 점에 주목해야 할것입니다.

즉, 우리가 아무리 교육과정과 연계하여 메타버스를 만들어서 수업을 하려고 해도 '재미'가 없으면 학생들은 금새 흥미를 잃고 열심히 만들어 놓은 메타버스를 떠난다는 것입니다. 아니면 교육적 효과가 없는 단순 재미 위주의 메타버스 게임만 찾아다닐 것입니다. 그렇다면 우리는 어떻게 해야 할까요? '교육'이라는 요리 위에 '게임'이라는 양념이 녹아들어간 메타버스를 만들어야 되지 않을까요? 이를 토대로 학생들의 흥미를 유발하고, 수업에 대한 참여도를 높이고, 우리가 바라는 교육적 효과를 높일 수 있지 않을까 싶습니다.

<참고:https://www.mk.co.kr/news/it/view/2021/12/1115113/>

05 공세리성당 메타버스에 게임요소를 넣어보자!

마인크래프트 메타버스에서 게임요소를 삽입하는 것은 몇가지 기능을 알고 있으면 충분히 누구든지 만들 수 있습니다.

일단 게임을 만들기 위해서는 몇가지 설정을 해야 합니다.

① 기본 게임 모드, 개인 게임 모드를 크리에이티브 모드로 변경합니다.
② 월드의 참여하는 플레이어의 권한 수준을 운영자로 변경합니다.
③ 치트 활성화 on, 시간이나 날씨가 바뀌면 메타버스를 만드는데 어려우니 항상 낮 on, 시간대 전환 사용 off, 날씨 주기 off를 해줍니다.

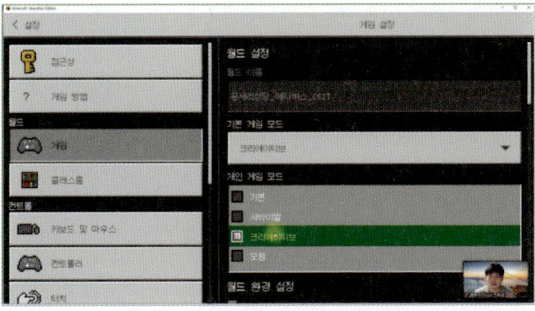 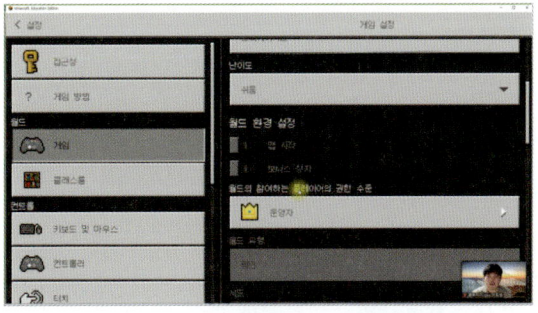

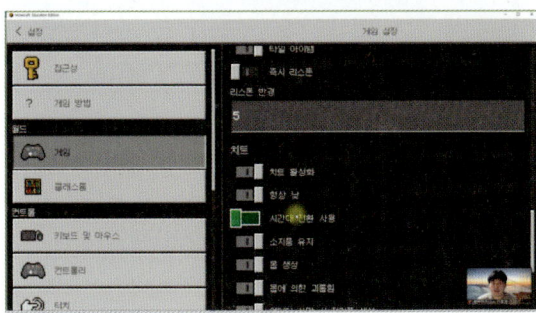 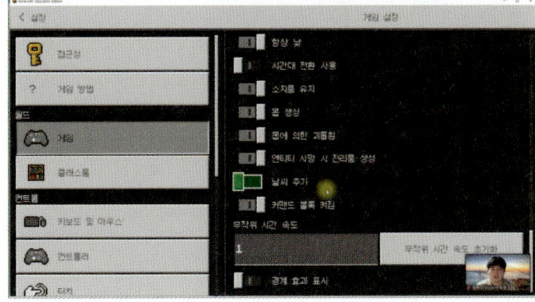

이후 세부적인 셋팅을 이어서 해볼까요?

05.01. 칠판(슬레이트, 포스터, 칠판)만들어 정보 제공하기

마인크래프트의 칠판에는 슬레이트, 포스터, 칠판 세 가지 종류가 있습니다. 각각 크기가 달라서, 크기에 따라 종류를 달리할 수 있습니다. 슬레이트는 장소를 나타내는 곳으로 사용할 때 쓰기도 하고, 칠판은 많은 정보를 제공할 때 쓰기도 합니다. 공세리성당의 정보를 제공하고, 퀴즈의 단서로써 활용하게 하면 학생들이 자연스럽게 퀴즈를 풀면서 공세리성당의 역사에 대해 학습할 수 있겠습니다.

① E키를 눌러 인벤토리에서 칠판을 불러옵니다.

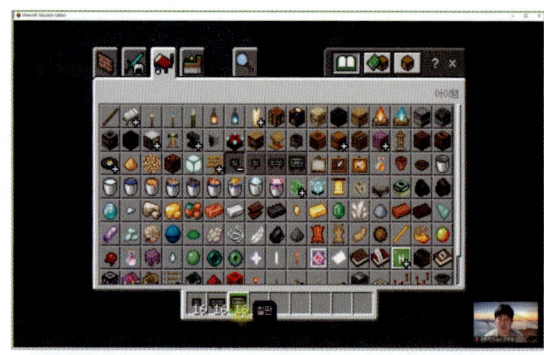

② 공세리성당 공식 홈페이지에서 정보를 복사하고, 표지판에 붙여 넣습니다.

③ 정보를 확인합니다. 퀴즈의 단서를 포함한다면 더욱 유익하고 재미있게 즐길 수 있습니다.

05.02. NPC를 만들어 메타버스안에서 가상현장체험 역사여행 스토리 만들기

메타버스 안에서 움직이는 것을 흔히 아바타라고 하고, 그것을 움직이는 사람을 플레이어라고 합니다. 플레이어와 아바타를 동일시하기도 합니다. 그렇다면 메타버스 안에서 플레이어가 아닌 캐릭터(아바타)는 무엇이라고 할까요? 일반적으로 몹(mob)과 NPC(Non-player character)로 나뉩니다. 몹은 게임 메타버스 안에서 사람이 때려 잡아 경험치를 얻거나 아이템을 얻는 것들을 말합니다. 마인크래프트에서는 대표적으로 좀비나 스켈레톤이 있습니다. NPC는 사람 플레이어가 아닌 캐릭터로 일반적으로 메타버스안에서 플레이어에게 대화를 통해 정보를 제공하고, 이야기를 해주거나, 아이템으로 보상을 주기도 합니다. NPC는 특정한 이벤트를 제외하고 일반적으로 플레이어가 잡을 수 있는 캐릭터는 아닙니다. 이 NPC를 잘 활용해야 메타버스에 생생한 스토리를 입힐 수 있습니다. NPC를 통해 메타버스 안에서 가상현장체험 역사여행 스토리를 입혀가는 과정을 살펴봐 주세요.

05.02.01. 공세리성당의 으스스한 이야기를 건내며 예의를 따지는 경비아저씨 NPC만들기

처음에 메타버스에 접속했을 때 누군가가 반겨주는 사람이 있어야 겠지요? 실제 공세리성당을 찾아가면 제일 먼저 밟는 곳이 주차장입니다. 그래서 경비실을 생각했고, 근무하시는 경비아저씨가 처음 스토리를 전개한다고 컨셉을 잡고, 스토리의 시작을 알리는 NPC로 선정했습니다. 순교자가 있었다는 것과 굶주림에 아사한 사람들이 묻힌 공동묘지가 있었다는 공세리성당의 역사적 사실에서 기인해서 상상의 나래를 펼쳐봅니다. "이곳에는 밤마다 죽은 사람이 좀비로 출연한다니 조심하게." 으스스한 이야기를 건내는 경비아저씨. "네! 알겠습니다."라고 하며 웃으며 답장하는 친구에게는 체력+1, "알았다구요!"라고 하며 예의없이 대답하는 친구는 체력 -1이 되도록 한번 해볼까요? 학생들이 웃어른에게 예의를 갖추기를 바라는 마음에서요.

마인크래프트 메타버스 타고 떠나는 흥미진진 역사여행! 61

① 채팅 및 명령어 창에 /wb라고 입력해서 월드 빌더 상태를 true로 전환합니다.

② T키를 누르고 돋보기 창에서 npc라고 검색을 합니다. 아이콘을 핫바로 옮깁니다.

③ 오른쪽 마우스 버튼을 클릭하면 npc가 생성이 됩니다.

/wb를 입력해서 월드 빌더 상태가 true일 때,
   -npc 알을 오른쪽 마우스 버튼을 허공에 휘두르면 npc가 생성이 됩니다.
   -npc를 대고 오른쪽 마우스 버튼을 누르면 편집 화면으로 들어갑니다.
   -npc를 대고 왼쪽 마우스 버튼을 누르면 npc가 사라집니다.

/wb를 입력해서 월드 빌더 상태가 false일 때,
   -npc를 대고 오른쪽 마우스 버튼을 누르면 대화가 됩니다.
   -npc를 대고 왼쪽 마우스 버튼을 누르면 아무런 반응이 없습니다.

④ npc를 대고 오른쪽 마우스 버튼을 눌러서 편집 창으로 이동합니다. 이름과 대화를 편집하고, 외형을 선택합니다.

- 대화는 메타버스에서 스토리를 끌어가는 힘이 됩니다. 스토리보드에를 미리 작성하고 배치하는 것이 좋습니다.

⑤ 고급 설정을 클릭하고, 명령 추가를 클릭합니다.

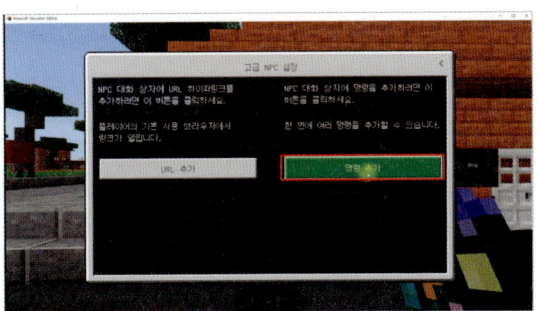

⑥ 네 알겠습니다 하고 웃는 표정에 체력+1 효과를 주기 위해서는 다음과 같이 명령어를 입력합니다. 명령추가를 클릭해서 다음 명령어를 입력합니다.

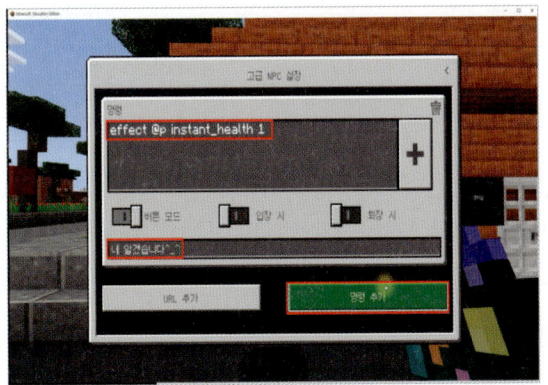

-명령어
 effect @p instant_health 1
 @p(npc 근처 플레이어)에게 instant_health
  (즉시 체력회복)를 1만큼 effect(효과)를 줘라
-버튼 모드: 버튼을 눌렀을 때 명령어 실행
-입장 시: 대화창을 열자마자 명령어 실행
-퇴장 시: 대화창을 끌대 명령어 실행

⑦ 아유, 알았다구요 하고 찡그린 표정에 체력-1 효과를 주기 위해서는 다음과 같이 명령어를 입력합니다. 뒤로 가기 버튼을 눌러 종료합니다.

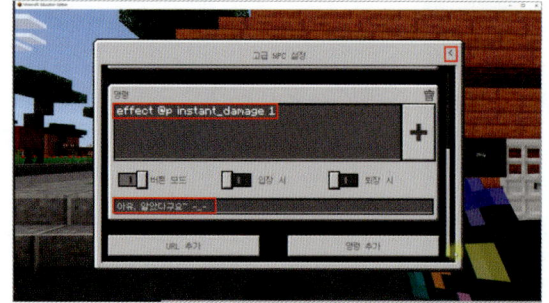

-명령어

effect @p instant_damage 1

@p(npc 근처 플레이어)에게 instant_damage (즉시 피해)를 1만큼 effect(효과)를 줘라

⑧ 채팅 및 명령어 창에 /wb라고 입력해서 월드 빌더 상태를 false로 전환합니다. 경비아저씨를 오른쪽 마우스 버튼을 눌러 상호작용이 잘 되는지 확인합니다.

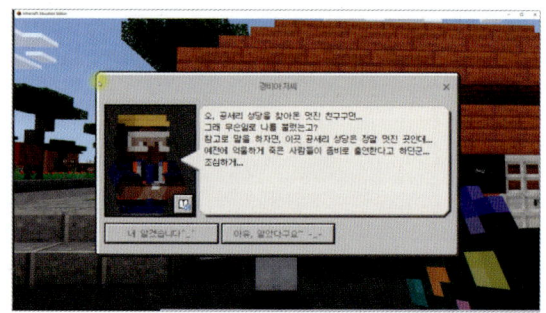

05.02.02. 마인크래프트의 화폐 에메랄드로 화살과 활을 구입할 수 있는 '주민'만들기

마인크래프트에서는 주민과 떠돌이 상점이라는 캐릭터도 존재합니다. 이 둘의 공통점은 플레이어가 공격할 수 있다라는 점과 거래를 할 수 있다는 점입니다. 거래는 마인크래프트 메타버스에서 화폐로 통하는 에메랄드로 가능합니다.

주민은 경험치라는 개념을 가지고 있어서 플레이어가 거래를 할수록 경험치가 쌓이면 레벨업이 가능합니다. 레벨이 오를수록 거래할 수 있는 품목이 달라집니다. 예를 들어, 화살제조인이라는 주민은 1레벨 초보자에게는 화살을 구입할 수 있고, 2레벨 수습에게는 활, 3레벨 장인에게는 석궁, 4레벨 전문가에게는 공격력이 더 강화된 활, 5레벨 마스터에게는 야간시야 화살을 구입할 수 있습니다. 에메랄드로 물건을 마구 사다보면 일시적으로 품절현상으로 인해 그 아이템을 더 이상 구입하지 못하는 경우도 있습니다.

주민은 /wb 명령어를 통해 월드 빌더 상태가 true인 경우 E키를 눌러 주민 생성 알을 통해 만들 수 있습니다. 다만, 주민 생성 알을 통해 생성되는 주민의 직업은 랜덤하게 결정되므로, 원하는 주민이 나오지 않으면 없앴다가 다시 만들기를 반복해야 합니다. 생성되는 주민은 마인크래프트 에듀케이션 메타버스에서는 갑옷 제작자, 가죽 세공인, 어부, 화살 제조인, 도축업자, 도서관 사서, 무기 제조인, 양치기, 석공, 도구 제조인, 성직자 등이 나옵니다. 별도로 아무 거래가 불가능한 어린 주민도 나옵니다. 이렇게 랜덤하게 생성되는 주민들은 역시 마찬가지로 파는 물건들도 랜덤하게 배치됩니다. 메타버스 스토리에 알맞은 아이템을 제공해주는 주민으로 잘 활용하기 위해서는 적절한 아이템을 가지고 있는 주민을 배치하도록 합니다. 단, 주민은 메타버스 세계를 계속 움직이려는 습성이 있기 때문에 움직이지 못하도록 특별한 블록으로 막아야 합니다.

① 화살제조인 주민을 배치해보도록 하겠습니다. 계속 움직이는 주민의 특성상 폐쇄적인 공간이 좋겠습니다. 경비실안으로 들어가겠습니다.

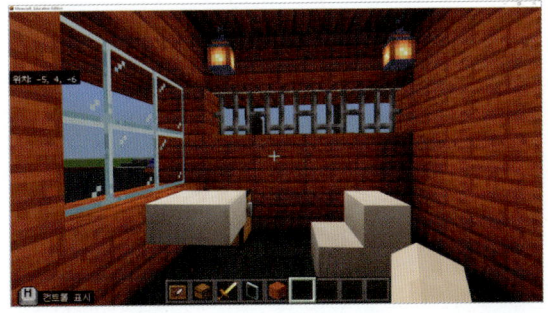

② 채팅 및 명령어 창에 /give @s barrier 라고 명령어를 쳐서 배리어 블록을 소지품으로 얻습니다. 배리어 블록은 파괴가 불가능한 투명블록으로 경계선을 표시할 때 좋습니다.

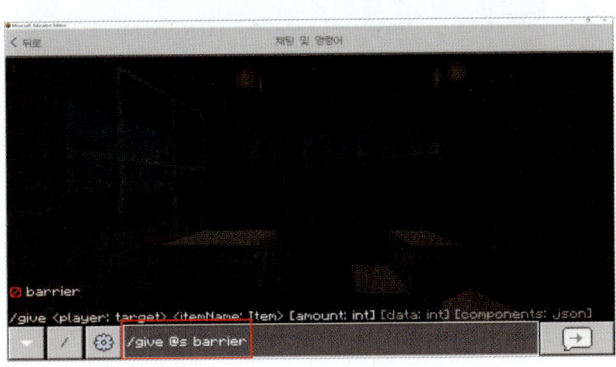

-명령어
give @s barrier
@s (플레이어 본인에게)
barrier (투명 배리어 블록을)
give (줘라)

③ 경비실 안에 배리어 블록으로 주민이 움직이지 못하도록 공간을 만들고 주민을 배치해야 합니다. 주민이 블록 한 개는 뛰어넘기 때문에 2층 이상 쌓아야 합니다. 배리어 블록은 손에 든채 오른쪽 마우스 버튼을 눌러 설치할 수 있습니다.

④ 채팅 및 명령어 창에 /wb를 입력해서 월드 빌더 상태를 true로 만들고, 주민 알을 이용해 원하는 주민을 배치합니다.

- 원하는 주민이 나오지 않은 경우 무기를 들어 없애야 합니다. 오랜 작업이 필요할 수 있습니다.

⑤ 주민과 거래를 하기 위해서는 플레이어와 주민사이에 아무것도 없이 만듭니다. 그래서 유리창을 파괴했습니다.

⑥ 오른쪽 마우스 버튼을 눌러 거래가 가능한지 확인합니다.

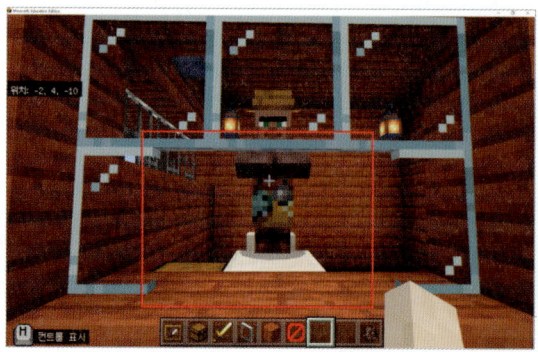
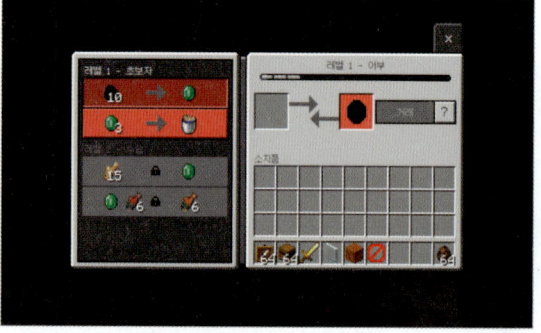

05.02.03. 아이템을 얻는 이벤트 또는 스토리 만들기

학생들이 메타버스 안에서 흥미로워 하는 게임 요소로 손에 꼽는 것은 단연 '아이템 획득'과 '미션 해결'일 것입니다. 아이템을 얻는 방법은 우연찮게 아이템을 획득하는 방법과 미션을 해결함으로써 보상으로서 아이템을 받는 방법이 있을 것입니다. NPC가 주는 미션이나 길거리에 우연찮게 찾은 상자에서 얻은 쪽지가 미션을 제시하는 등 미션을 얻는 방법도 다양하게 할 수 있습니다.

우연찮게 아이템을 획득하는 방법은 메타버스 곳곳을 돌아다니면서 아이템을 주울 수 있게 하면 됩니다. 다만, 아이템을 길위에 뿌려놓고 가져가라고 하면 좋겠지만, 이러한 방법은 시간이 지나면 사라집니다. 그래서 사라지지 않는 어딘가에 아이템을 두워야 학생들이 아이템을 얻을 수 있겠지요?

미션을 완료하면 아이템을 주는 방법은 NPC로부터 아이템을 받을 수 있도록 명령어를 입력해 놓는다거나, 아니면 해야 할 일을 함으로써 보상을 받게 할 수도 있습니다.

플레이어들이 두근두근 한 마음으로 아이템을 얻을 수 있도록 여러 방법들을 알아볼까요?

05.02.03.01. 앗! 이게 뭐야? 아이템 획득 이벤트 만들기1 : 액자 아이템 활용하기

아이템 액자를 통해 아이템을 얻는 방법이 있습니다. 길을 걷다가 발견한 아이템 액자 속에서 에메랄드를 얻을 수 있는 이벤트를 만들어 보는 것을 예로 들어보겠습니다. 에메랄드 말고 다양한 아이템을 넣을 수도 있습니다.

① E키를 누르고 돋보기 검색 창에서 액자라고 검색을 합니다. 아이템 액자를 핫바에 이동시킵니다.

② 아이템 액자를 벽면이나 나무 등에 오른쪽 마우스 버튼을 클릭해서 설치합니다.

③ E키를 누르고 돋보기 검색 창에서 에메랄드라고 검색을 합니다. 핫바에 이동시킵니다.

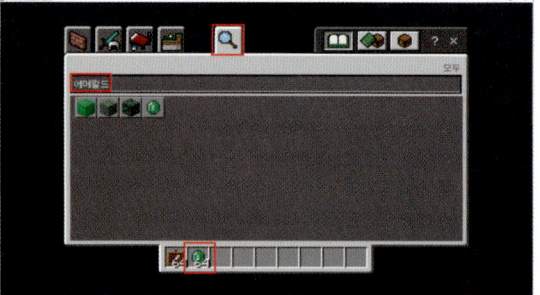

④ 에메랄드를 든 채로 액자에 오른쪽 마우스 버튼을 클릭하면 아이템 액자에 에메랄드가 박힙니다.

- 여기에서 오른쪽 마우스 버튼을 계속 클릭하면 아이템 모습이 바뀝니다.

⑤ ESC의 설정 메뉴에서 게임 모드를 서바이벌로 변경하고, 타일 아이템이 ON으로 설정합니다.

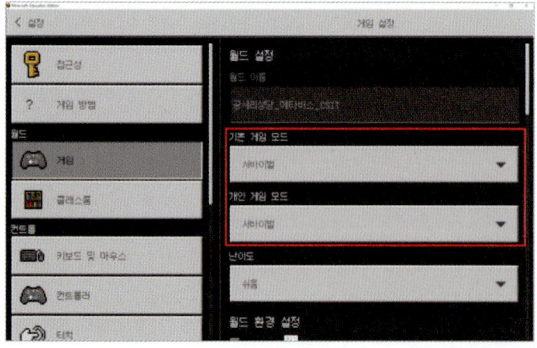
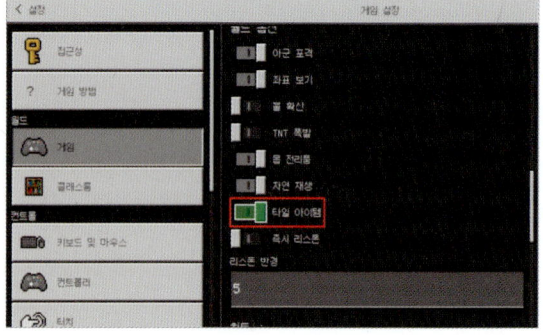

⑥ 액자 아이템을 왼쪽 마우스로 클릭하면 아이템이 뿅 하고 튀어나옵니다. 가까이 가면 아이템을 획득할 수 있습니다.

05.02.03.02. 앗! 이게 뭐야? 아이템 획득 이벤트 만들기2
  : 상자 활용하기

두 번째 아이템을 획득하는 방법으로 상자를 활용하는 방법이 있습니다. 구석구석 곳곳에 상자를 숨겨놓고 그 곳에 아이템을 넣어두는 것입니다. 학생들은 이 아이템을 획득하기 위해서라도 메타버스 곳곳을 구석구석 다니겠지요?

① T키를 누르고 돋보기 검색 창에서 상자라고 검색을 합니다. 핫바에 이동시킵니다.

② T키를 누르고 여러 가지 아이템 중에 상자에 넣고 싶은 아이템을 핫바로 이동시킵니다. 저는 예를 들어 황금검을 선택해보겠습니다.

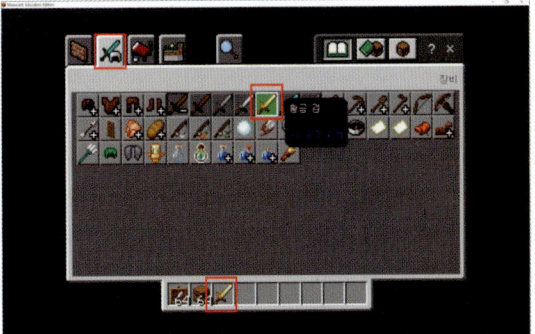

마인크래프트 메타버스 타고 떠나는 흥미진진 역사여행!

③ 상자를 든 상태에서 오른쪽 마우스 버튼을 클릭하면 상자가 설치됩니다.

- 왼쪽 마우스 버튼을 클릭하면 상자가 파괴됩니다.

④ 설치된 상자에 오른쪽 마우스 버튼을 클릭하면 상자 뚜껑이 열립니다. 여기에 아이템을 넣고 x버튼을 클릭하면 아이템을 선물해주는 상자 설치는 끝입니다.

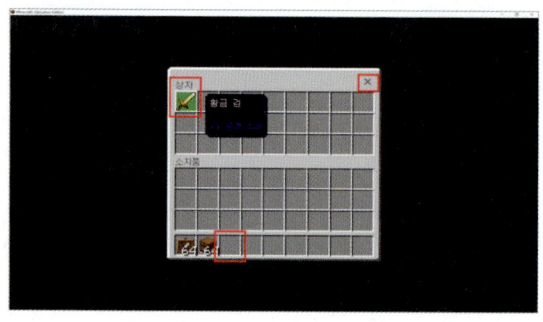

- 상자는 여러 상자가 있다. 예를 들어, 셜커 상자는 문을 열 때 회오리 치며 상자 뚜껑이 열리기도 합니다. 상자의 여러 특성을 탐구해서 스토리에 맞는 상자를 설치해도 좋습니다.
- 아무 것도 들어 있지 않은 빈 상자를 설치할 수도 있겠습니다. 어떤 아이템을 얻을까 잔뜩 기대한 플레이어들을 일부러 골탕먹이는 것이지요?

곳곳에 아이템 액자와 아이템이 든 상자를 설치해서 메타버스에 참여한 사람들이 아이템을 획득하는 즐거움을 느껴보게 하세요. 굉장히 두근두근 거리는 마음으로 아이템을 찾으러 이곳저곳을 돌아다닐 것입니다.

05.02.03.03. 페널티 및 아이템 보상 스토리 만들기1: NPC의 버튼 모드와 커맨드 명령어로 하늘로 날리거나 무기를 주도록 하자!

NPC가 퀴즈를 내고 문제를 맞추면 보상을 줄 수 있는 스토리를 만들 수 있습니다. 이러한 보상을 얻기 위해서라도 학생들은 플레이어로서 곳곳의 공세리성당 메타버스를 돌아다니며 장소를 익히고, NPC나 표지판의 정보를 습득하여 자연스럽게 공세리성당의 역사를 익히게 됩니다. 대신 학생들이 제대로 학습하지 않고 대충 문제를 맞추려고 하면 벌도 줘야겠지요? 간단한 이펙트 효과로 처리할 수 있습니다.

① 퀴즈 문제를 낼 NPC를 생성합니다.

<NPC 생성 조건>
- 채팅 및 명령어 창에 /wb를 입력하여 월드 빌더 ture 상태로 전환
- NPC 생성 알을 오른쪽 마우스 버튼을 눌러 NPC 생성

② NPC 이름과 대화를 입력하고, 캐릭터 외형을 선택해 줍니다.

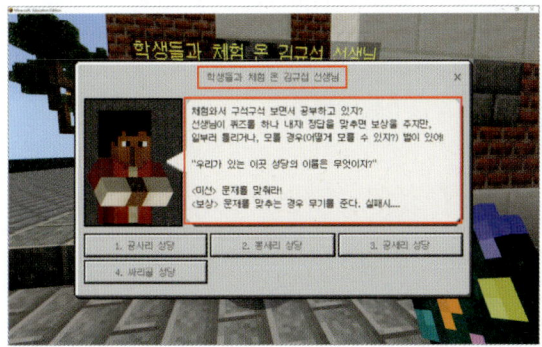

<예시>
이름 : 학생들과 체험 온 김규섭 선생님
대화 : 체험와서 구석구석 보면서 공부하고 있지? 선생님이 퀴즈를 하나 내지! 정답을 맞추면 보상을 주지만, 일부러 틀리거나, 모를 경우 (어떻게 모를 수 있지?) 벌이 있어!
"우리가 있는 이곳 성당의 이름은 무엇이지?"
<미션> 문제를 맞춘다.
<보상> 문제를 맞추는 경우 무기를 받는다. 실패시에는...

③ 고급 설정 메뉴를 눌러서 버튼모드로 보기를 만들어 줍니다. 보기는 6개까지 만들 수 있으며, 많은 글자를 입력할 수는 없습니다. 보기는 1. 공사리 성당 / 2. 봉세리 성당 / 3. 공세리 성당 / 4. 싸리골 성당으로 정하고, 정답은 3. 공세리 성당으로 하겠습니다. 그러면 1, 2, 4번 오답을 눌렀을 때 페널티를 주도록 하겠습니다.

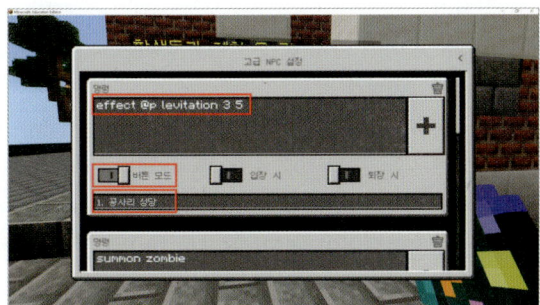

'1. 공사리 성당' 오답을 눌렀을 때 페널티의 예시

- 명령어
  effect @p levitation 5 10
  @p (근처에 있는 플레이어에게) 5 (5초 동안) 10 (10단계의 효과로(빠르게 위로 솟는)) levitation (무중력) effect (효과를 줘라)
- 효과: 이렇게 하면 하늘 높이 떠올랐다가 중력의 힘으로 떨어지게 되면서 서바이벌 모드에서는 체력을 잃게 됩니다.
- 확장: '4. 싸리골 성당' 오답을 눌렀을 때는 5초동안 10의 단계로 무중력 효과를 줘서 하늘 높이 띄웠다가 떨어뜨립니다. 서바이벌모드에서는 죽게 됩니다.

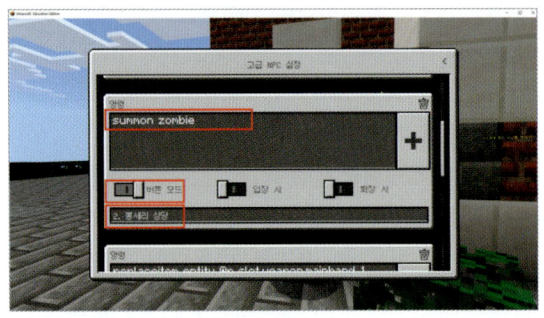

'2. 봉세리 성당' 오답을 눌렀을 때 페널티의 예시
- 명령어 summon zombie
  zombie (좀비를) summon (소환해라)
- 효과: 이렇게 하면 좀비가 한 마리 소환이 됩니다. 서바이벌 모드에서는 좀비가 플레이어를 공격할 것입니다.

④ '3. 공세리 성당' 정답을 맞춘 경우에는 보답을 줘야 겠지요? 서바이벌 모드에서는 밤마다 출몰하는 좀비와 스켈레톤 등의 몹을 잡기 위해서 무기가 절실합니다. 철검을 보상으로 주는 것을 예시로 들어보겠습니다.

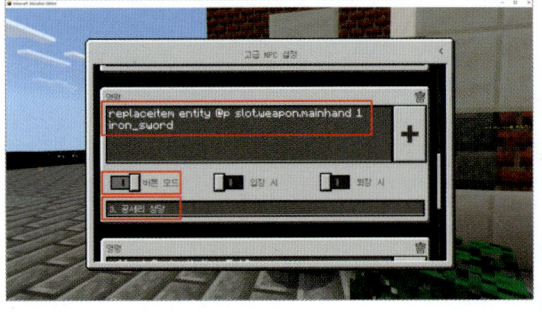

- 명령어
  replaceitem entity @p slot.weapon.mainhand 1 iron_sword
  @p (근처의 플레이어의) slot.weapon.mainhand (무기를 드는 오른손에) 1 (슬롯 아이디 숫자, 현재에서는 의미 없음) iron_sword(철검으로) replaceitem entity ((블록외의 객체 아이템) 아이템을 대체한다)

이렇게 NPC를 활용해 퀴즈를 내고 버튼 모드로 명령어를 통해 페널티를 주거나 보상을 받게 할 수 있습니다. 다양한 스토리를 만들어가며 이야기를 전개해 보세요.

05.02.03.04. 페널티 및 아이템 보상 스토리 만들기2: 텔레포트를 시켜 용암굴이나 좀비굴로 떨어뜨리거나, 보상의 천사를 만나게 한다!

역시 마찬가지로 NPC가 퀴즈를 내고 문제를 맞추면 페널티와 보상을 줄 수 있는데, 더 극적인 효과를 줄 수 있습니다. 플레이어를 텔레포트 시켜 버리는 것입니다. 어딘지도 모르는 곳으로 텔레포트 당해서 좀비굴에 떨어지거나, 용암굴에 떨어져 장렬히 전사하게 할 수 있습니다. 또는 보상의 천사를 만나게도 할 수 있지요. 문제를 대충 읽거나 장난스럽게 임하는 친구들을 저 멀리 텔레포트 시켜서 다시 처음부터 시작하게 해보세요. 그러면 장난스러움은 뚝 떨어질 것입니다.

① 텔레포트를 통한 페널티를 주는 방법을 먼저 예로 들어보겠습니다. 페널티를 받을 수 있는 용암굴과 좀바굴을 만듭니다. 텔레포트 되면 용암굴이나 좀비굴로 바로 떨어질 수 있는 좌표를 찾습니다. 예를 들어, 용암굴은 -216 6 129 이고, 좀비굴은 -214 2 119라고 하겠습니다.

　　　　　　용암굴　　　　　　　　　　　　　　　　좀비굴

② 퀴즈 문제를 낼 NPC를 생성합니다.

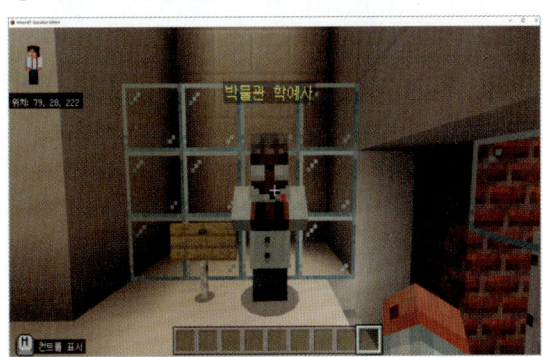

<NPC 생성 조건>
- 채팅 및 명령어 창에 /wb를 입력하여 월드 빌더 ture 상태로 전환
- NPC 생성 알을 오른쪽 마우스 버튼을 눌러 NPC 생성

③ NPC 이름과 대화를 입력하고, 캐릭터 외형을 선택해 줍니다.

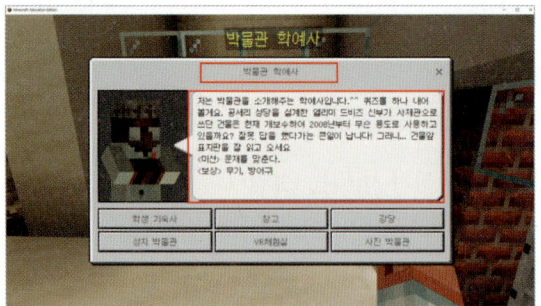

〈예시〉

이름 : 박물관 학예사

대화 : 저는 박물관을 소개해주는 학예사입니다.^^ 퀴즈를 하나 내어 볼게요. 공세리 성당을 설계한 엘리미 드비즈 신부가 사제관으로 쓰던 건물은 현재 개보수하여 2008년부터 무슨 용도로 사용하고 있을까요? 잘못 답을 했다가는 큰일이 납니다! 그러니... 건물앞 표지판을 잘 읽고 오세요

<미션> 문제를 맞춘다.

<보상> 무기, 방어구

④ 고급 설정 메뉴를 눌러서 버튼모드로 보기를 만들어 줍니다. 보기는 6개까지 만들 수 있으며, 많은 글자를 입력할 수는 없습니다. 보기는 1. 학생 기숙사 / 2. 창고 / 3. 강당 / 4. 성지 박물관 / 5. VR체험실 / 6. 사진 박물관으로 정하고, 정답은 4. 성지 박물관으로 하겠습니다. 그러면 1, 2, 3, 5. 6 오답을 눌렀을 때 페널티를 주도록 하겠습니다.

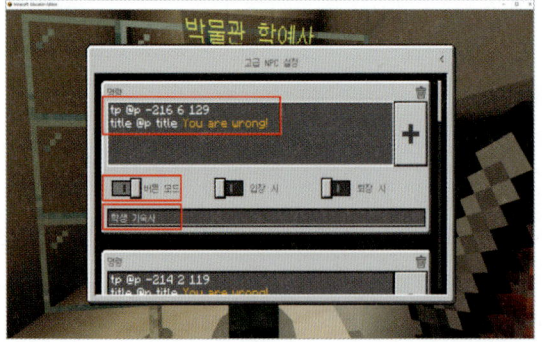

- 명령어

  tp @p -216 6 129

  title @p title §6You are wrong!

  @p (가까운 플레이어를) -216 6 129 (용암굴 좌표로) tp (텔레포트 시켜라)

  @p (가까운 플레이어에게) title §6You are wrong! (You are wrong! 주황색 글자를) title (화면에 띄워줘라)

- **확장**: 용암굴 좌표 대신에 -214 2 119 좌표를 입력해서 좀비굴로 빠지게 하거나, 처음 시작한 위치로 텔레포트 하게 할 수 있습니다.

용암굴에 빠진 모습

좀비굴에 빠진 모습

⑤ 보상을 주는 천사도 있어야 겠지요? 공세리성당 저 멀리 초원 어느 곳에 간단하게 방 하나를 만듭니다. 그리고 그 안에 NPC를 꾸밉니다.

정육면체 공간 만들기

보상을 주는 천사 NPC 만들기

⑥ E키를 눌러 갑옷 거치대 블록을 이용해 무기들과 방어구들을 진열합니다.

- 갑옷 거치대 블록을 오른쪽 마우스 버튼을 눌러 설치하고, 아이템을 든채로 오른쪽 마우스 버튼을 누르면 들고 있던 아이템이 갑옷 거치대로 이동하면서 갑옷 거치대가 아이템을 착용하게 됩니다.

무기구 진열대 만들기

방어구 진열대 만들기

마인크래프트 메타버스 타고 떠나는 흥미진진 역사여행!

⑦ 보상을 주는 천사 NPC로 이동할 수 있게 텔레포트 좌표를 입력합니다.

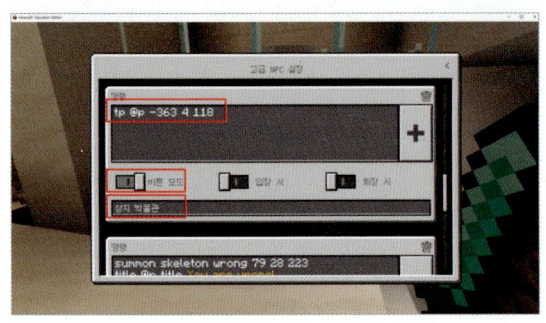

- 명령어

tp @p -363 4 118
@p (가까운 플레이어를) -363 4 118 (보상을 주는 천사 NPC 좌표로) tp (텔레포트 시켜라)

이렇게 텔레포트 명령어를 활용해서, 보상을 받는 공간으로 따로 이동하게 한다던지, 아니면 도착하면 에너지를 잃게 되는 무시무시한 용암굴이나 좀비굴로 이동하게 한다던지 해서 페널티를 주거나 보상을 받게 할 수 있습니다. 역시 마찬가지로 흥미진진한 이벤트를 만들어가며 이야기를 전개해 보세요.

05.02.03.05. 기타 커맨드 명령어 확장편

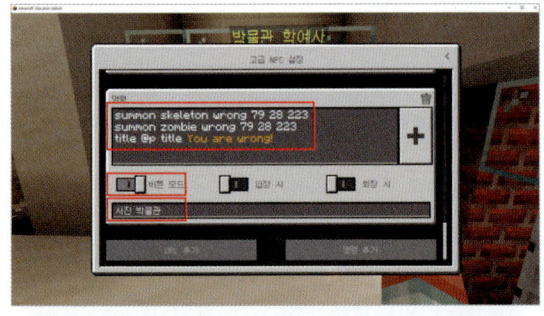

- 확장

summon skeleton wrong 79 28 223
wrong (worng 이름이 씌여있는) zombie (좀비를) 79 28 223 (좌표에) summon (소환해라)

summon zombie wrong 79 28 223
wrong (worng 이름이 씌여있는) zombie (좀비를) 79 28 223 (좌표에) summon (소환해라)

title @p title §6You are wrong!
@p (가까운 플레이어에게) title §6You are wrong! (You are wrong! 주황색 글자를) title (화면에 띄워줘라)

FUNFUN한
마인크래프트
메타버스 수업!

METAVERSE

CHAPTER 05

마인크래프트 에듀케이션을 초등 수업에 활용하기

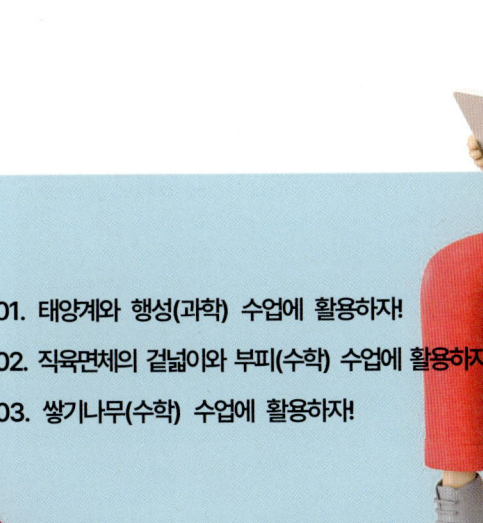

01. 태양계와 행성(과학) 수업에 활용하자!
02. 직육면체의 겉넓이와 부피(수학) 수업에 활용하자!
03. 쌓기나무(수학) 수업에 활용하자!

2016년 Microsoft(이하 MS)는 마인크래프트 에듀케이션 에디션을 출시하였습니다. 여러 가지 종류의 블록을 쌓아 자신만의 세계를 만드는 게임인 마인크래프트를 교육용 버전으로 출시하면서 다양한 수업을 맞춤식으로 할 수 있는 서비스를 제공하였습니다.

MS는 사용자가 많은 마인크래프트가 각 학교급에서 특색있게 활용되기를 바라고 있습니다. 예를 들어, 초등학교에서는 마인크래프트 공간을 탐험하는 방식을 활용하여 역사, 과학, 수학, 미술, 영어 등 다양한 수업에 활용되고, 중·고등에서는 물리와 프로그래밍 교육 등에 활용될 수 있길 바란다고 하였습니다.

마인크래프트 교육용 에디션이 갖는 다른 버전들과의 큰 차이점은 각 학생의 아이디 및 학습 내용을 개별화하여 교사들이 이를 추적할 수 있으며, 카메라와 포트폴리오를 통해서 작품을 캡처하고, 학습과정을 공유할 수 있도록 설정할 수 있다는 점입니다. 또한 수업 운영 기능을 통해 학생들이 주어진 과제를 해결하는데 집중 할 수 있도록 게임 환경을 교사가 설정할 수 있으며 멀티플레이어 환경을 제공하여 별도의 서버 없이도 최고 40명의 학생들이 협업하는 학습 활동을 가능하게 합니다. 마지막으로 실제 수업에서 활용할 수 있는 화학 기호, 포트폴리오, 카메라 등 기존의 마인크래프트에 없는 새로운 기능들이 추가되어 있습니다.

*출처: 마인크래프트 교육용에디션 버전

01 태양계와 행성(과학) 수업에 활용하자!

초등학교 5학년 과학과에 태양계와 행성을 배우는 내용이 있습니다. 학습목표는 "태양계를 구성하는 태양과 행성을 조사하고 이 행성들의 상대적 크기를 모형으로 나타내고 비교할 수 있다."입니다. 교과서에 나와 있는 붙임 종이를 이용하여 태양과 행성을 직접 만들어 그 크기를 비교할 수 있습니다.하지만, 여기서 마인크래프트를 이용한다면? 마인크래프트 메타버스 안에서 태양과 행성을 만들고 그 크기를 서로 비교한다면 학생들의 흥미는 물론 성취기준에 도달하는 학생들도 많아질거라 생각이 되네요.

그리고 자연스럽게 STEAM 수업을 진행할 수 있습니다. S(Science) 태양계와 행성을 공부하고 있고, TE(Technology and Engineering) 컴퓨터를 가지고 메타버스라는 기술과 코딩으로 메타버스를 구축할 것이고, A(Art) 메타버스 안에서 태양계를 아름답게 꾸밀 수 있고, M(Math) 태양계 행성의 반지름을 조사하고, 비를 이용해서 상대적 크기를 구할 것입니다. 완벽한 융합교육이지요?

01.01. 태양계 행성의 상대적 크기 구하기

먼저 학생들을 모둠별로 나눕니다. 모둠별로 태양계 행성(수성, 금성, 지구, 화성, 목성. 토성. 천왕성, 해왕성)을 배정합니다. 인터넷을 활용하여 태양계 행성의 반지름을 조사합니다.

태양계 행성의 크기를 실제로 구현할 수 없으니 상대적 크기로 비교를

*출처: 자체 제작

해야 합니다. 상대적 크기 비교란 기준을 가지고 서로의 크기를 비교하는 것을 말합니다. 마인크

래프트 상에서 태양계를 구현하기 위해서 수성의 반지름을 1로 설정하고, 금성, 지구, 화성, 목성, 토성, 천왕성, 해왕성의 크기를 상대적으로 나타낼 수 있습니다. 수성의 반지름을 1이라고 하면, 금성의 반지름은 2, 별로 차이가 나지 않는 지구의 반지름도 2, 화성의 반지름은 수성과 별 차이가 없으니 1, 목성의 반지름은 24, 토성의 반지름은 20, 천왕성의 반지름은 9, 해왕성의 반지름은 8 정도로 하면 됩니다. 태양계 행성 간 상대적 크기를 비교했으니 마인크래프트로 접속해야겠죠?

01.02. 준비하기: 메타버스 월드 접속하기

① 마인크래프트 에듀케이션에 로그인을 합니다.

② 플레이를 눌러 게임에 접속합니다.

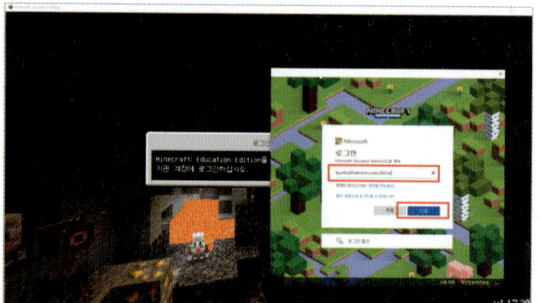
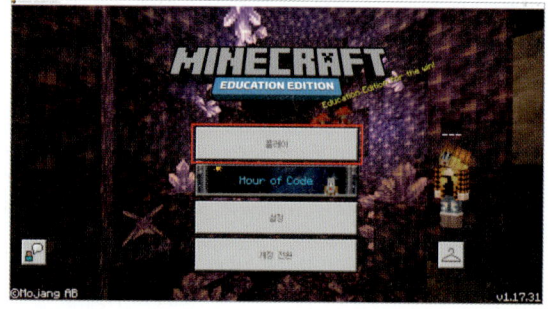

③ 새로 만들기-템플릿을 클릭하여 월드를 만듭니다.

④ 잔디 블록을 선택합니다.

⑤ 좌표 보기를 ON으로 설정(버튼이 우측으로 이동된 상태) 후 플레이를 클릭합니다.

01.03. 블록 코딩으로 태양계 행성 만들기

① C키를 누른 후 코드 빌더 메뉴의 MakeCode를 선택합니다.

-Code Connection을 연결해도 상관이 없습니다.

② 새 프로젝트를 클릭합니다.

③ 프로젝트 이름을 입력 후, 프로젝트를 생성합니다.
   -'태양계 행성' 등의 이름으로 생성합니다.

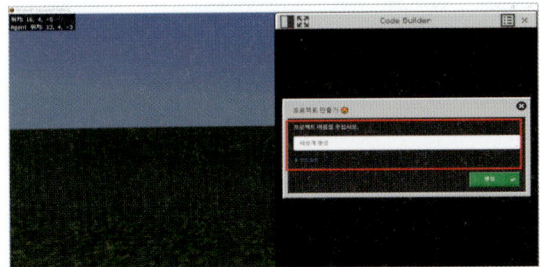

④ 시작하면 실행 블록은 지우고 다음채팅어 명령어 블록에 '1'을 입력합니다.

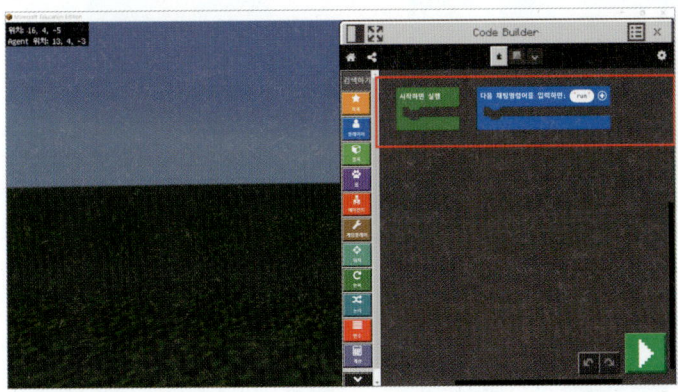

- 금성을 만들 것이기 때문에 1 숫자보다 금성이라고 넣어도 되겠습니다. 다른 행성도 마찬가지입니다. 2, 3... 숫자로 해도 되고, 행성 이름을 해도 됩니다.

⑤ 고급탭에서 모양꾸러미를 클릭합니다.

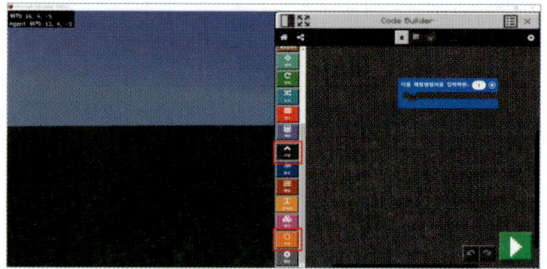

⑥ '공 모양 만들기' 블록을 '다음 채팅명령어를 입력하면' 블록 안에 넣어줍니다.

 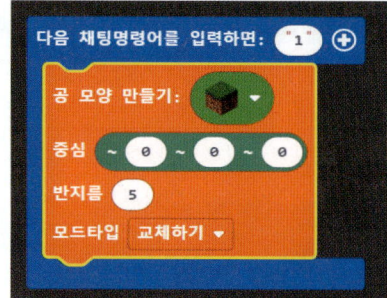

⑦ 자신이 만들 행성과 비슷한 색깔을 지닌 블록을 찾아 블록의 종류를 변경합니다. 금성을 만들 것이기 때문에, 노란색 블록을 찾아봅니다.

- 금성을 만든다면 '황금 블록'이나 '노란색 테라코타' 블록을 사용하면 좀 더 금성과 비슷하게 만들 수 있습니다.

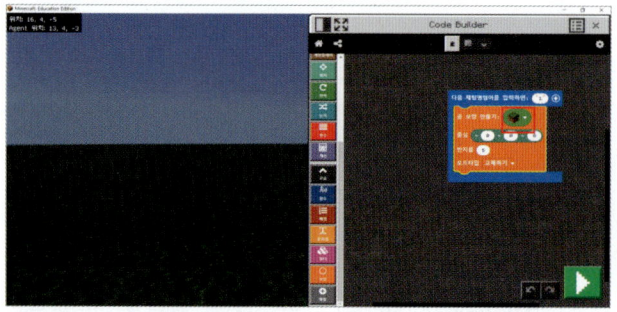 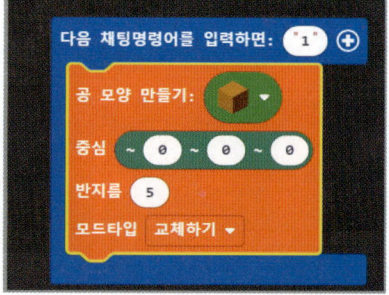

⑧ 중심의 y좌표를 30으로 설정합니다.

※y좌표는 높이와 관련된 좌표입니다. y좌표가 충분히 높지 않으면 목성과 같이 큰 행성의 경우 땅에 박혀 만들어 질 수 있습니다.

⑨ 반지름을 금성의 상대적 반지름인 '2'로 변경합니다.

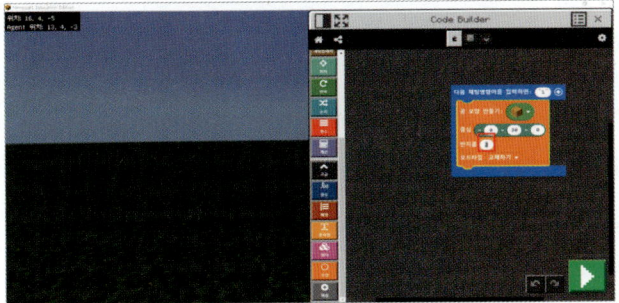 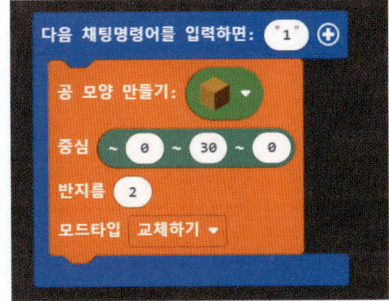

⑩ 모드타입을 외곽선으로 바꿔줍니다.

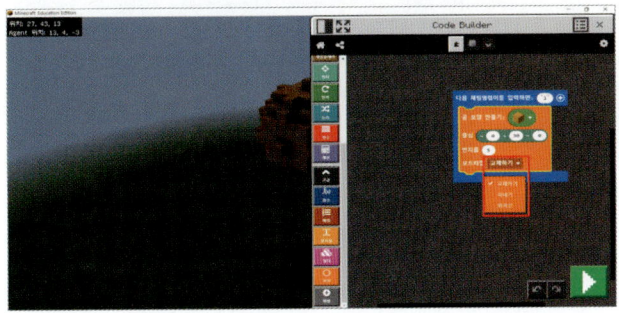 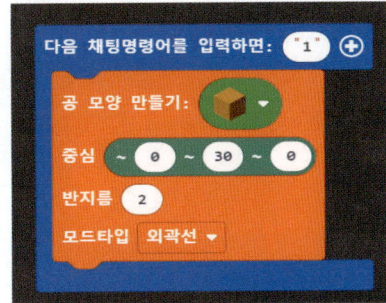

⑪ 엔터를 치면 나오는 채팅 및 명령어 창에 1을 입력해 줍니다. 그럼 자신의 머리 위 허공위에서 금성이 만들어지는 것을 볼 수 있습니다. 이 때, 움직이면 안됩니다. 플레이어 위치를 상대위치로 잡은 것이기 때문에 틀어질 수 있습니다.

- 채팅 및 명령어 창은 T 또는 Enter를 입력하면 됩니다.

⑫ 하늘에 만들어진 금성을 확인합니다.

⑬ 다른 태양계 행성도 만들어서 크기를 비교해 봅니다.

 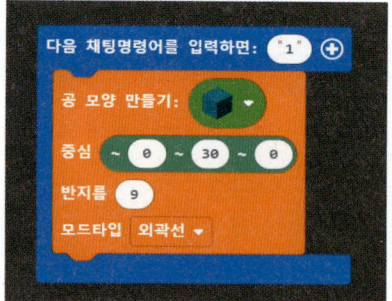

02 직육면체의 겉넓이와 부피(수학) 수업에 활용하자!

초등학교 6학년 수학과에 직육면체의 부피와 겉넓이를 구해보는 내용이 있습니다. 학습목표는 "직육면체와 정육면체의 부피를 구하는 방법을 식으로 나타낼 수 있다."입니다. 교과서에서는 쌓기나무 블록을 $1cm^3$ 가정하고 실제 쌓기나무를 쌓아보지만 쌓기나무와 같은 정육면체 블록으로 이루어진 마인크래프트 메타버스가 아주 딱이지요? 블록 하나하나를 $1cm^3$로 가정하면 됩니다. 학생들은 직접 쌓아도 보고 코딩으로 쌓아도 보면서 직육면체의 부피를 알아보고, 이를 식으로 이해할 수 있습니다.

02.01. 직육면체를 직접 만들고 겉넓이와 부피 구하기

블록을 쌓아서 직육면체를 만들 때 블록마다 경계가 표시되면 가로나 세로 개수를 세는데 편하겠지요? 어디보자. 아! 알맞은 블록이 있네요. '스테인드글라스' 블록입니다. '스테인드글라스' 블록은 반투명해서 가로, 세로의 구분이 쉬워 넓이나 부피를 구하기 편리합니다.

① 인벤토리 창(I)에서 자신이 원하는 색의 '스테인드글라스'를 꺼내줍니다.

- 스테인드 글라스는 ○○색 스테인드글라스라고 여러 가지 색이 있습니다. 그래서 검색을 할 때 '글라스'라고 검색해서 색을 고르시는 것이 편합니다.

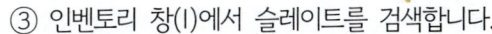

② 자신의 원하는 크기의 직육면체를 만들어줍니다.

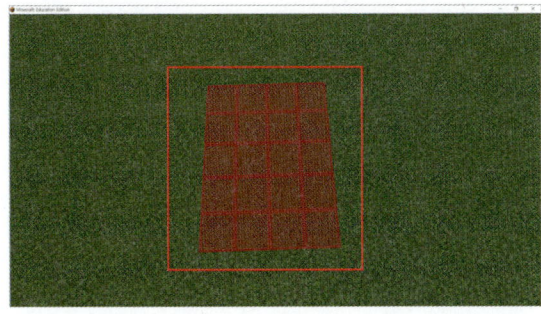

③ 인벤토리 창(I)에서 슬레이트를 검색합니다.

④ 슬레이트를 설치해 자신이 만든 직육면체 겉넓이를 적어줍니다.

⑤ 마찬가지 방법으로 직육면체의 부피를 구해봅니다.

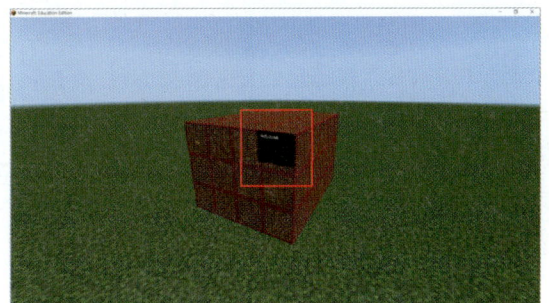

02.02. 블록 코딩으로 랜덤하게 직육면체를 만들고 겉넓이와 부피 구하기

직접 손으로 직육면체를 만들 수도 있지만 코딩을 통해서도 직육면체를 만들 수 있습니다.

① C키를 누른 후 코드 빌더의 MakeCode를 선택합니다.

② 새 프로젝트를 선택합니다.

FUNFUN한 마인크래프트 메타버스 수업! 87

③ 프로젝트 이름을 입력 후, 프로젝트를 선택합니다.

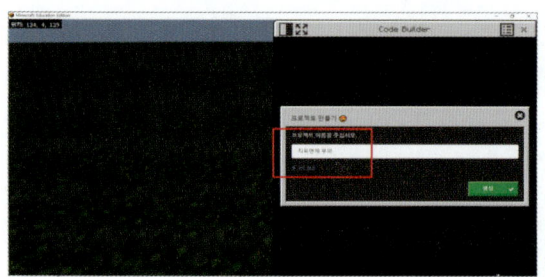

- '직육면체 부피' 등의 이름으로 생성합니다.

④ 시작하면 실행 블록은 지우고 다음채팅어 명령어 블록에 '1'을 입력합니다.

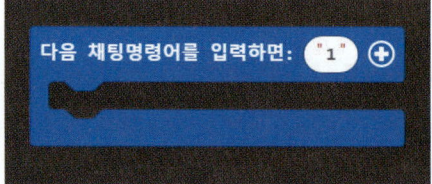

- 직육면체를을 만들 것이기 때문에 1 숫자보다 직육면체 라고 넣어도 되겠습니다.

⑤ 블록 탭을 클릭합니다.

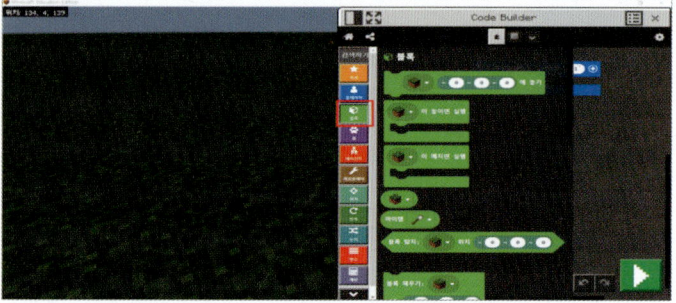

⑥ '블록 채우기' 명령어 블록을 '다음 채팅명령어를 입력하면' 명령어 블록 안에 넣어줍니다.

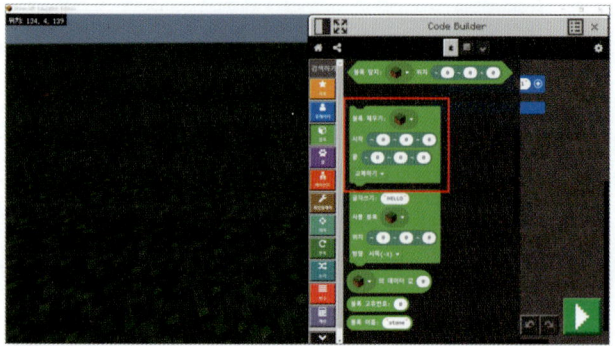
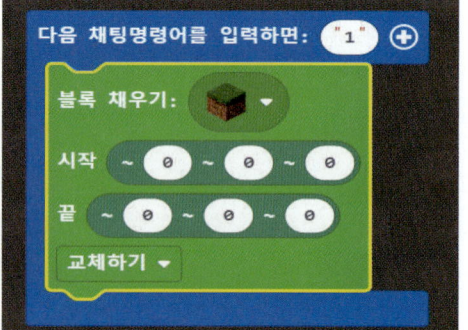

⑦ 블록 채우기에서 자신이 원하는 색깔의 스테인드 글라스 블록으로 선택합니다.

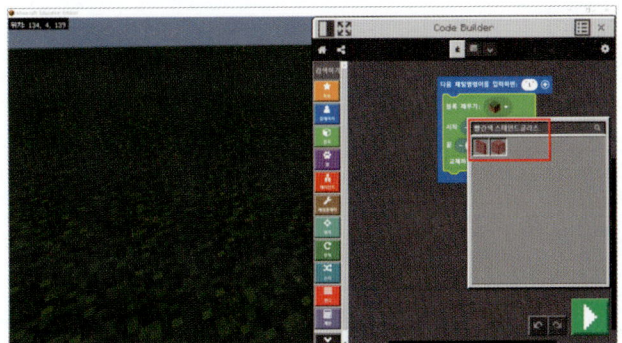
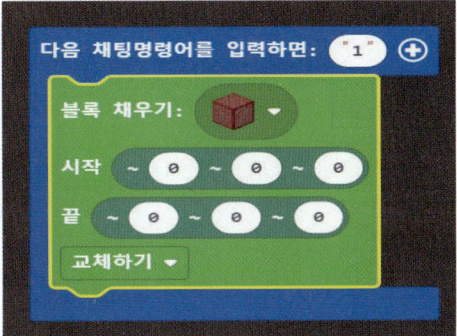

⑧ 계산탭을 클릭해 줍니다.

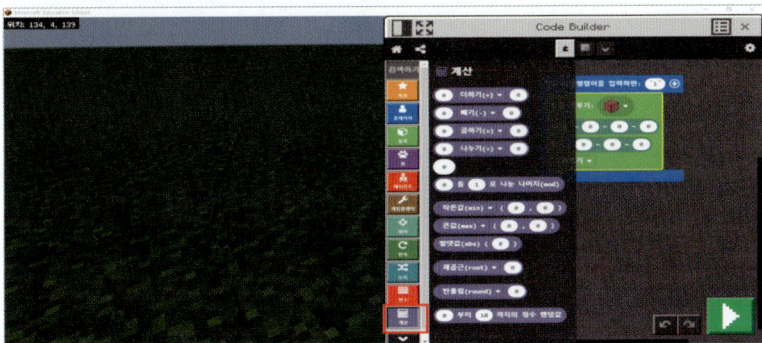

⑨ '0부터 10까지의 정수 랜덤값' 블록을 끝의 x, y, z 좌표에 넣어줍니다.

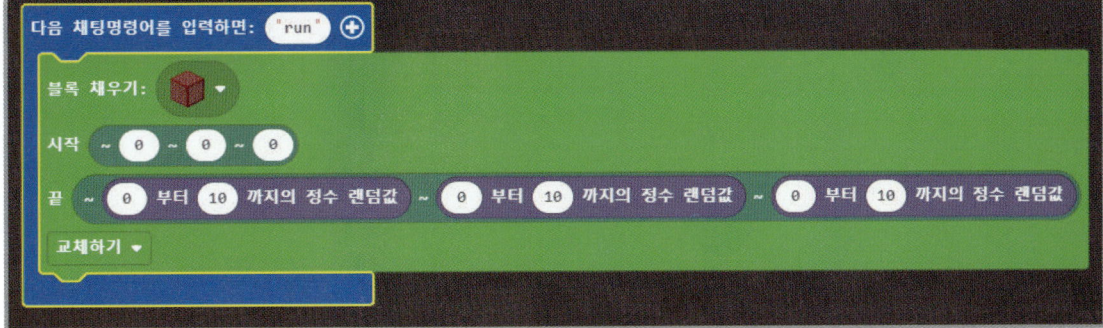

FUNFUN한 마인크래프트 메타버스 수업! 89

⑩ 2부터 5까지의 정수 랜덤값으로 변경해 줍니다.

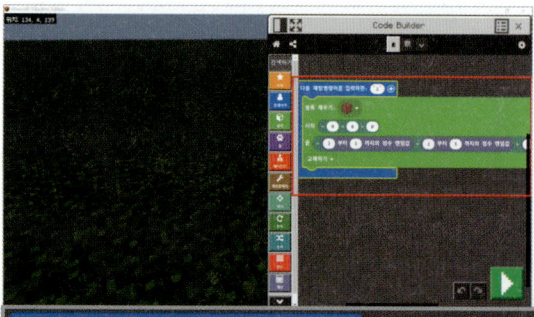

※ 숫자가 너무 클 경우 학생들이 계산하는데 어려울 수 있습니다. 계산 능력 신장이 목표가 아니므로 2에서 5정도로 변경해 줍니다.

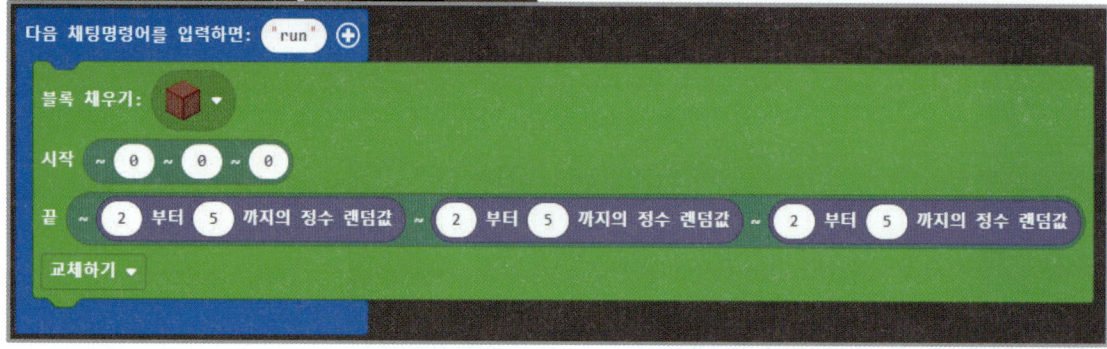

⑪ 채팅 및 명령어창(T 또는 Enter)에 1을 입력해 줍니다.

⑫ 코딩을 통해 만든 직육면체의 부피를 슬레이트에 적어줍시다.

03 쌓기나무(수학) 수업에 활용하자!

초등학교 6학년 수학과에 쌓기나무로 만든 입체도형을 보고, 쌓기나무의 개수를 구하거나, 쌓기나무로 만든 입체도형의 위, 앞, 옆에서 본 모양을 표현할 수 있고, 이러한 표현을 보고 입체도형의 모양을 추측해 보는 내용이 있습니다. 이는 교과수업에 마인크래프트를 활용하기에 가장 좋은 영역입니다. 마인크래프트는 블록 자체가 바로 쌓기나무처럼 활용할 수 있기 때문이지요.

쌓기나무는 일단 6학년 교실에 학습교구로 가지고 있는 경우도 드물 뿐만 아니라, 나무를 벌목한 것이니 환경파괴 측면에서도 바람직해 보이지는 않습니다. 초등학생은 구체적 조작기이기 때문에 실제 쌓기나무를 가지고 써야 한다고요? 쌓기나무를 대체할만한 마인크래프트를 활용하면 어떨까요? 학생들의 흥미유발 뿐만아니라 수학적 사고력 확장 및 창의적 사고 측면에서도 더 효과적일 것입니다.

① 허공을 날라다니면서 쌓기나무를 놓는 것이 편하기 때문에 '크리에이티브 모드'로 설정하는 것이 좋습니다. 교과서의 물체나 쌓기나무 그림을 보고 그대로 따라 만들어 봅니다.

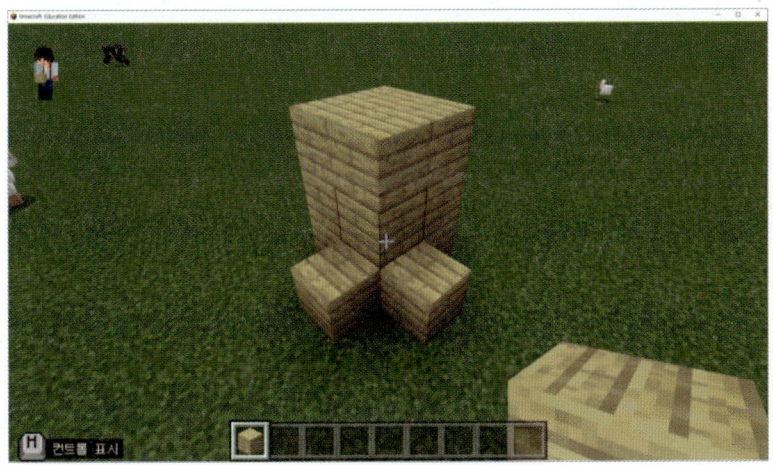

- 실제 쌓기나무와 같은 색과 질감으로 표현되는 블록은 '자작나무 판자' 블록입니다. 이 외에 다양한 블록으로 자유롭게 선택해서 쌓기나무 활동을 해도 됩니다.

② 쌓기나무 개수를 셀 때는 모양대로 만들어가면서 숫자를 셀 수 있지만, 쌓고 부수면서 개수를 셀 수도 있습니다.

③ 위, 앞, 옆 모양을 보기 위해서 플레이어 위치를 움직이면 됩니다.

④ 교과서에 위, 앞, 옆 모양을 직접 그리는 활동도 할 수 있지만, 카메라 아이템을 활용해 촬영할 수 있습니다.

⑤ 포트폴리오 아이템을 활용해 정리를 하고, PDF로 다운받을 수 있습니다.

CHAPTER 06

마인크래프트 에듀케이션을 중등 수업에 활용하기

04. 주기율표와 화합물(과학) 수업에 활용하자!
05. 실전 텍스트 코딩! 파이썬 프로그래밍(정보) 수업에 활용하자!

04. 주기율표와 화합물(과학) 수업에 활용하자!

마인크래프트 에듀케이션 에디션의 꽃! 학생들뿐만 아니라 선생님들도 신기해하는 활동이 바로 화합물 만들기입니다. 초등 수업에서는 원소 기호를 따로 알려주지 않으면 알 수 없지요? 하지만 중고등학교에서는 화학 수업 시간에 원소 기호는 필수! 중등 과학 수업에도 활용도가 높습니다. 마인크래프트 메타버스에서 활용한다면 재미있고 안전한 화학 수업이 될 것입니다.

*출처: 직접 촬영

04.01. 주기율표 속 원소 기호 알아보기

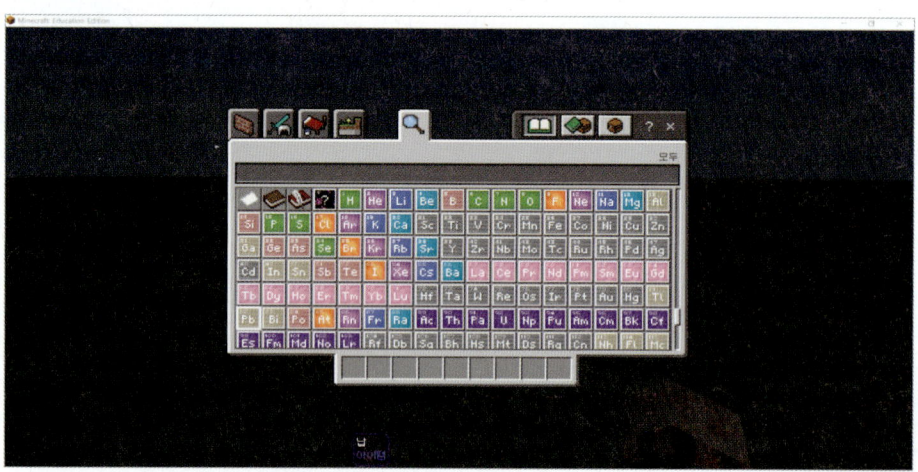

*출처: 직접 촬영

E키를 눌러서 돋보기 모드 창에서 아래로 쭉 내려가보면 원소 기호들을 확인할 수 있습니다. 학생들과 1~118번의 원소 기호들을 확인해 봅니다. 원소 기호, 원소 번호 등을 암기하여 친구들과 함께 원소 기호 맞추기 게임도 진행할 수 있습니다. 학생들이 단순한 암기식의 수업보다 흥미로운 수업이 진행될 수 있을 겁니다. 또한 같은 족(Group)마다 색깔도 같게 표현되어 있어 같은 족끼리 묶어보는 활동을 통해 자신만의 주기율표도 만들어 볼 수 있습니다.

04.02. 화합물 만들기

마인크래프트 상에서는 화합물 생성기 하나면 다양한 화합물을 만들 수 있습니다. 실제 실험에서 만들 수 없는 화합물들을 가상의 공간에서 조합해 보고 완성된 화합물을 통해 학생들은 화합물의 분자식을 이해할 수 있습니다. 물이 그저 H_2O라는 것을 외울 때 보다 수소(H) 원소 2개 산소(O) 원소 1개를 화합물 생성기에 넣고 조합을 통해 물이 나오는 활동을 한다면 그 원리가 장기 기억에 저장될 것입니다. 그럼 마인크래프트 상에 있는 여러 가지 화합물을 조합해 보겠습니다.

① 마인크래프트 메타버스로 접속합니다. 깔끔한 잔디 탬플릿으로 들어가는 것을 추천드립니다.

- 잔디 탬플릿은 플레이 – 새로 만들기 – 템플릿 으로 들어가면 만들 수 있습니다.
- 이미 기존의 월드에 접속하기 위해서는 내 월드 보기를 누르면 됩니다. 항상 맵을 새로 만들 필요는 없습니다.

② E를 눌러 인벤토리를 엽니다. 돋보기 창에서 '화합물 생성기'를 가져옵니다.

③ 오른쪽 마우스 버튼을 눌러 화합물 생성기를 설치해 줍니다.

④ 화합물 생성기를 설치하면 여러 가지 원소들을 화합물 생성기에 넣고 조합할 수 있습니다. 크리에이티브 모드에서는 인벤토리 창에서 핫바로 원소들을 옮기면 64개씩 주어집니다. 이를 화합물 생성기에 하나씩 넣는 방법입니다.

- 마우스 오른쪽을 클릭하면 개수의 절반만큼 분리할 수 있습니다.

- 마우스 오른쪽을 길게 누르고 있으면 많은 양을 분리할 수 있습니다.

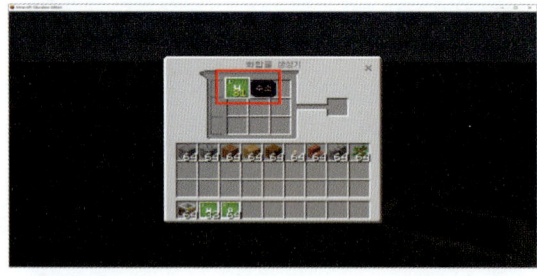

- 오른쪽 마우스 버튼을 클릭하면 한 개씩 분리해서 넣을 수 있습니다.

⑤ 수소 2개, 산소 1개를 조합하여 물을 만들어 봅니다.

⑥ 나트륨 1개, 염소 1개를 조합하면 소금이 만들어집니다.

⑦ 탄소 5개, 수소 8개로 라텍스를 만들 수 있습니다. 작업대를 따로 준비해, 라텍스, 원하는 색의 염료, 헬륨, 끈을 이용해 풍선을 만들 수 있습니다.

⑧ 칼슘 1개, 염소 2개를 조합하여 염화칼슘을 만들 수 있습니다.

⑨ 질소 1개, 수소 3개를 조합하면 암모니아을 만들 수 있습니다.

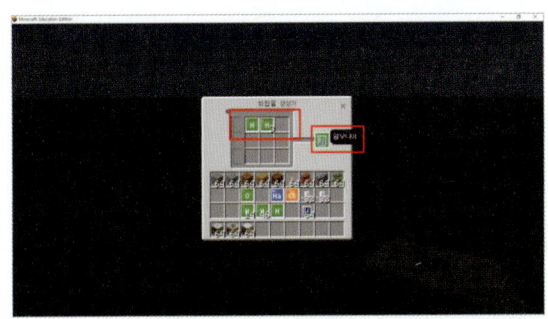

이 밖에도 산화알루미늄(AlO), 황산 바륨(BaSO), 벤젠(CH), 붕소(BCl), 숯(CHO)를 만들 수 있습니다. 특히 숯은 화로에 불을 붙이는 성질을 가지고 있어 석탄 대용으로 사용할 수 있고 하이포 아염소산 소듐(NaClO)은 마인크래프트 속 염색이 되어 있는 물체의 염색을 지우는 표백제로 사용됩니다. 이처럼 마인크래프트의 화합물들 조합에 그치지 않고 실제 그 화합물이 어떻게 활용되는지를 마인크래프트에서 재현할 수 있어 각각의 화합물이 지닌 성질을 더 깊게 탐구할 수 있습니다.

04.03. 화합물 분리하기

'화합물 생성기'가 화합물을 만드는 아이템이라면 '물질 분해기'는 물질을 분해하여 이 물질이 어떤 원소로 구성되어 있는지 알 수 있는 아이템입니다. 실제 실험에서 원소를 직접 분해하기란 거의 불가능하지요? 마인크래프트 메타버스에서는 할 수 있습니다. 이 물질 분해기 하나만 있으면 마인크래프트 속 다양한 블록들을 각각의 원소로 분해할 수 있습니다.

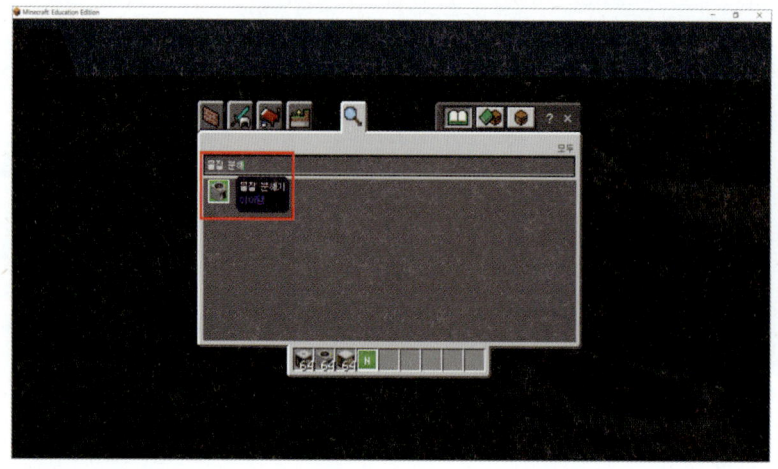

*출처: 직접 촬영

① E키를 눌러 인벤토리를 연 후, 돋보기 검색창에서 물질 분해기를 준비하여 설치합니다.

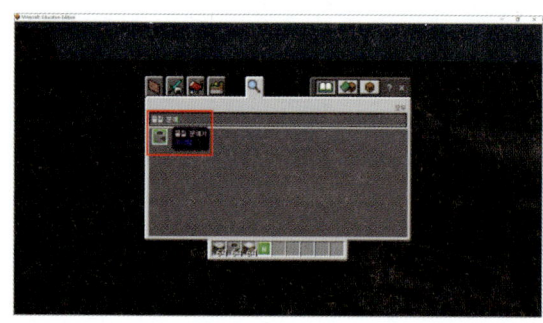

② E키를 눌러 인벤토리를 연 후, 돋보기 검색창에서 '돌'을 검색합니다.

③ 물질 분해기에 '돌' 블록을 올려놓으면 규소 33개, 산소 67개로 분리된 것을 볼 수 있습니다.

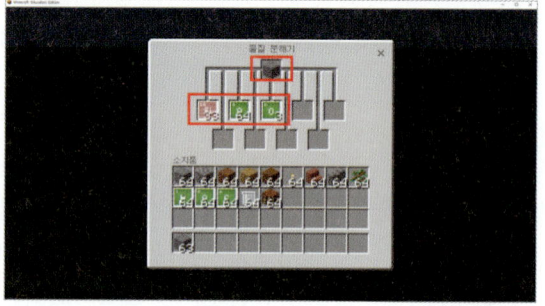

④ 물질 분해기에 '참나무 판자'를 올려놓으면, 탄소 49개, 수소 6개, 산소 44개, 질소 1개로 분리된 것을 볼 수 있습니다.

⑤ 물질 분해기에 '얼음'을 올려놓으면, 수소가 67개, 산소가 33개로 분리된 것을 볼 수 있습니다.

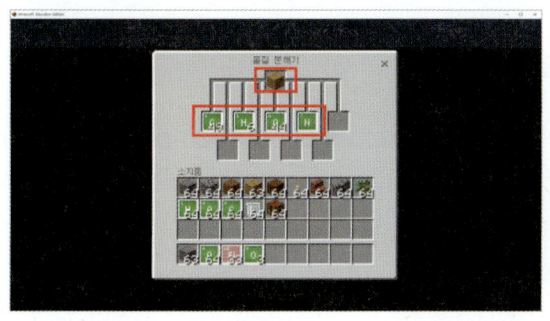 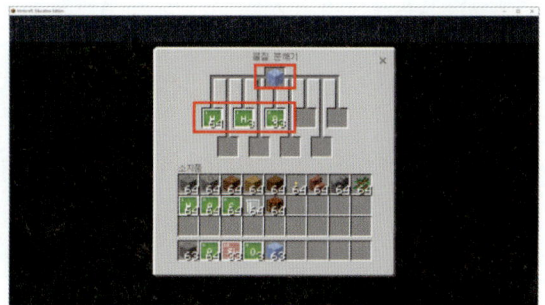

⑥ 물질 분해기에 '에메랄드'를 올려놓으면, 알루미늄 15개, 베릴륨 25개, 규소 20개, 산소 40개로 분리된 것을 볼 수 있습니다.

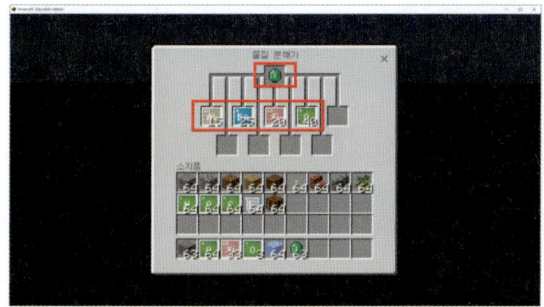

위와 같이 다양한 블록들을 물질 분해기에 넣어보면 여러 가지의 원소로 분해되는 걸 확인할 수 있습니다. 학생들이 여러 블록을 넣으면서 많은 물질이 화합물이라는 것을 직관적으로 알 수 있고, 위의 화합물 생성기에서 만들었던 물질들도 물질 분해기에 넣으면 화합물이 무엇으로 만들어졌는지 알 수 있습니다. 물질을 만들거나 분해하기 전에 미리 퀴즈도 내보면 더욱 재미있는 수업이 되지 않을까요?

04.04. 원소 구성 확인하기

원소는 물질을 이루는 가장 작은 입자라고 배우지만 원소 또한 양성자, 중성자, 전자의 조합으로 이루어집니다. 수소의 경우 양성자 1개, 전자 1개로 구성되어 있고 헬륨의 경우 양성자 2개, 전자 2개, 중성자 2개로 이루어져 있습니다. 실제 수업에서는 볼 수 없는 것들을 마인크래프트 메타버스에서는 확인할 수 있습니다.

① E키를 눌러 인벤토리를 연 후, 돋보기 검색창에서 원소 구성기를 준비하여 설치합니다.

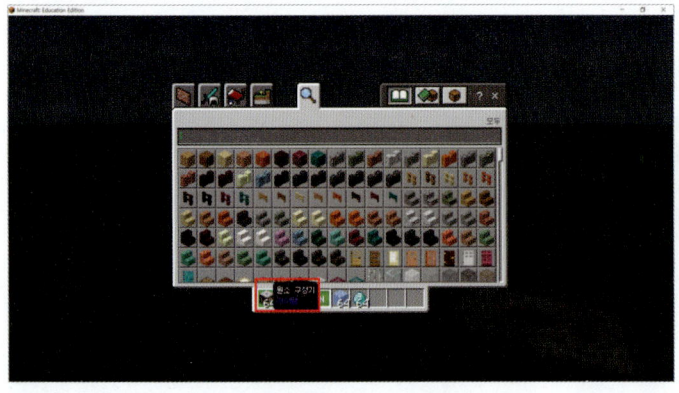

② 원소 구성기에 원소 블록을 넣어도 양성자, 전자 개수가 바뀌면서 원소 구성을 보여줍니다.

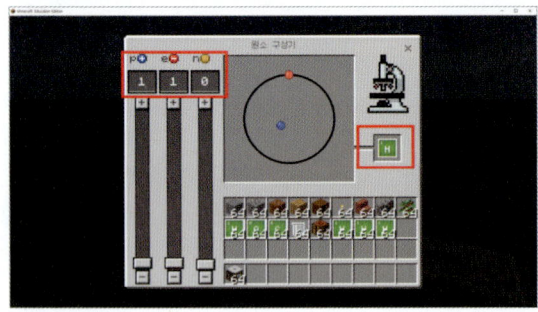
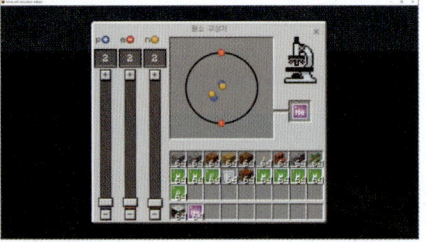

학생들이 직접 양성자, 전자, 중성자를 한 개씩 가감하면서 바뀌는 원소들을 확인할 수 있습니다. 또한 원자핵 주위의 전자배치 또한 모형으로 알 수 있습니다. 원소 구성기의 동그라미는 최외각 전자를 뜻하는데 알칼리 금속이나 할로겐족을 왜 같은 족으로 분류하는지 모형을 통해 알 수 있습니다.

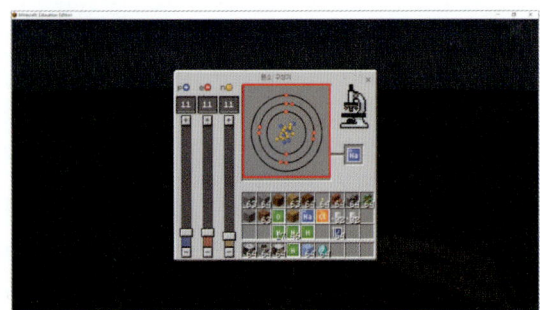
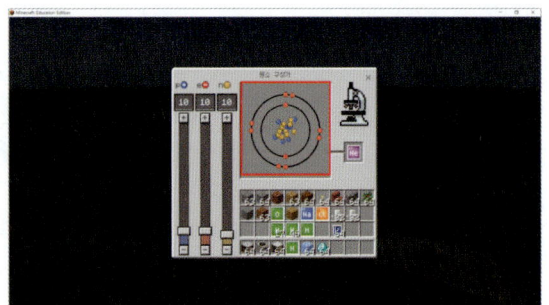

최외각전자가 1개인 알칼리 금속의 예   최외각전자가 8개인 할로겐 족의 예

05 실전 텍스트 코딩! 파이썬 프로그래밍(정보) 수업에 활용하자!

초등에서는 거의 블록 기반의 코딩수업을 하지만 중·고등학교에서는 블록 코딩보다 텍스트 기반의 코딩을 많이 합니다. 마인크래프트에서는 블록 코딩 기반인 Make Code와 텍스트 코딩기반인 파이썬 모두를 지원합니다

05.01. 파이썬 프로그래밍으로 에이전트보고 황금 계단 만들게 하기

플레이어가 직접 쌓지 않고 누군가를 시켜서 할 수 있다면 얼마나 좋을까요? 마인크래프트 에듀케이션에서는 플레이어 말고 또 다른 비서가 있는 것 아시나요? 에이전트라고 합니다. 에이전트에게 명령어를 입력하여 황금 계단을 만들게 해 볼까요?

① 기본 잔디 탬플릿 맵을 만든 후 코드 빌더창(C키)를 눌러줍니다. 처음 코드 빌더창을 띄우신 분들은 3개의 선택 화면이 뜨지만 이전에 코딩을 하셨던 분들은 아래 버튼을 눌러 코드 빌더 선택창을 띄워줍니다.

② 코드 빌더 창에서 파이썬을 선택합니다.

③ 새로운 프로젝트를 선택합니다.

④ 에이전트를 텔레포트 명령어를 입력합니다.

agent.teleport()
- 에이전트를 플레이어에게 텔레포트한다.

⑤ 에이전트에게 황금 블록을 갖도록 명령어를 입력합니다.

agent.teleport()
agent.give("gold block",64,1)
- 64개의 골드블록을 1번 슬롯에 준다
※ give(블록종류,개수,슬롯번호)

⑥ 에이전트가 슬롯 1번에 있는 블록을 앞쪽에 놓도록 명령어를 입력합니다.

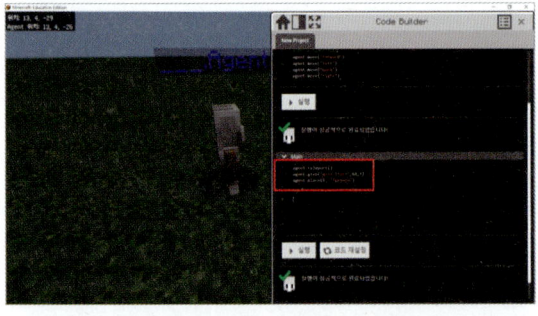

agent.teleport()
agent.give("gold block",64,1)
agent.place(1, "forward")
- 1번 슬롯의 있는 아이템을 앞쪽에 놓는다.

⑦ 에이전트가 위로 한칸, 앞으로 한칸 움직이도록 명령어를 입력합니다.

agent.teleport()
agent.give("gold block",64,1)
agent.place(1, "forward")
agent.move("up")
- 위쪽으로 (1칸) 이동한다.
agent.move("forward")
- 앞쪽으로 (1칸) 이동한다.

102

⑧ 황금 블록을 한 개 놓고, 위로, 앞으로 이동하는 것들을 10번 반복하게 해 줍니다.

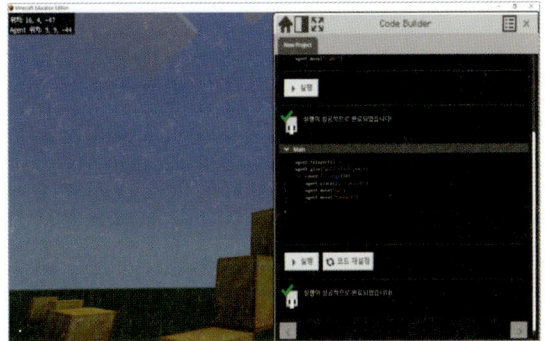

```
agent.teleport()
agent.give("gold block",64,1)
for count in range(10):
    - 아래의 문구를 10번 반복한다.
      agent.place(1, "forward")
      agent.move("up")
      agent.move("forward")
```
※ 탭을 눌러 들어가게 합니다.

⑨ 황금 계단이 만들어졌는지 확인합니다.

05.02. 파이썬 프로그래밍으로 나만의 아쿠아리움 만들기

다른 메타버스 플랫폼에서는 클릭 하나면 아쿠아리움도 떡! 하니 나오는데, 마인크래프트는 그렇지 않습니다. 하나하나 직접 만들어줘야 합니다. 복어도 있고, 열대어도 있는 아쿠아리움 한 번 만들어볼까요?

① 코드 빌더 창에서 파이썬을 선택합니다.　　② 새로운 프로젝트를 선택합니다.

③ 플레이어 옆에 4x4x4의 정육면체 모양을 유리로 채워주는 명령어를 입력합니다.

world.fill(시작위치, 끝위치, 블록종류)
world.fill(from_me(1,0,1), from_me(4,3,4), "glass")
 - 내 옆의 1, 0, 1 위치부터 시작해서 4, 3, 4 위치에 유리 블록으로 이루어진 정육면체를 만들어라

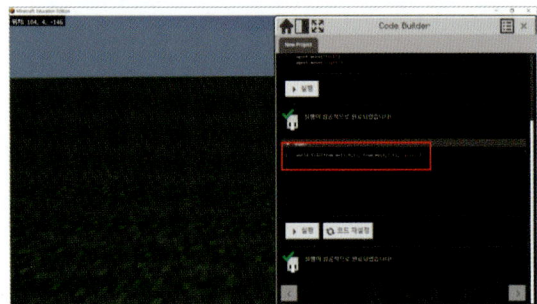
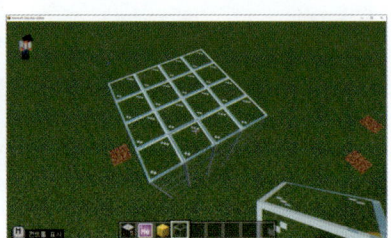

④ 아쿠아리움 내부를 만들기 위해 비어있게 만들기 위한 명령어를 입력해 줍니다. 공기 블록을 채우면 안이 비게 되겠지요? 공기 블록으로 채우도록 하겠습니다.

world.fill(from_me(1,0,1), from_me(4,3,4), "glass")
world.fill(from_me(2,0,2), from_me(3,3,3), "air")
 - 내 옆의 2,0,2 위치부터 3,3,3 위치의 블록을 공기 블록으로 채워라

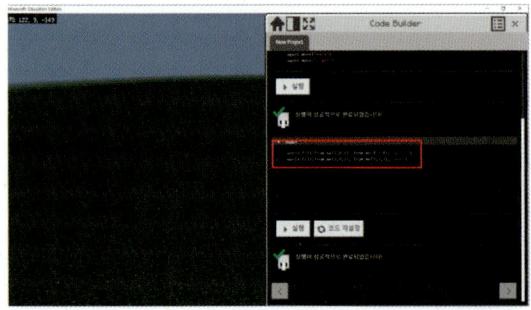
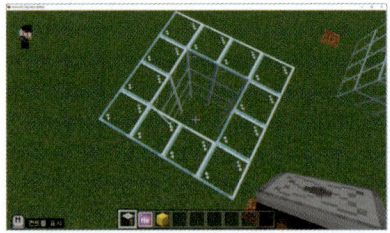

⑤ 아쿠아리움 내부를 물블록으로 채우는 명령어를 입력해 줍니다.

world.fill(from_me(1,0,1), from_me(4,3,4), "glass")
world.fill(from_me(2,0,2), from_me(3,3,3), "air")
world.fill(from_me(2,0,2), from_me(3,3,3), "water")
- 내 옆의 2,0,2 위치부터 3,3,3 위치의 블록을 물로 채워라

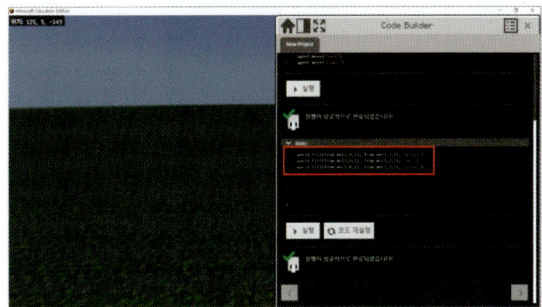 

⑥ 아쿠아리움 내부에 여러 종류의 물고기를 소환하는 명령어를 입력해 줍니다.

world.fill(from_me(1,0,1), from_me(4,3,4), "glass")
world.fill(from_me(2,0,2), from_me(3,3,3), "air")
world.fill(from_me(2,0,2), from_me(3,3,3), "water")
summon("pufferfish", from_me(2,2,2))
- 복어를 내 옆 2,2,2 위치에 소환하라
summon("tropical_fish", from_me(2,2,2))
- 열대어를 내 옆 2,2,2 위치에 소환하라
※ summon(동물or몬스터 종류, 위치)

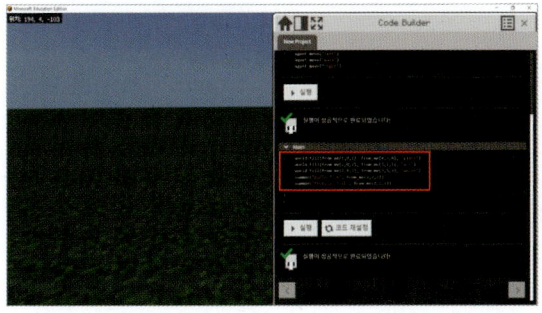 

⑦ 아쿠아리움이 만들어졌는지 확인합니다.

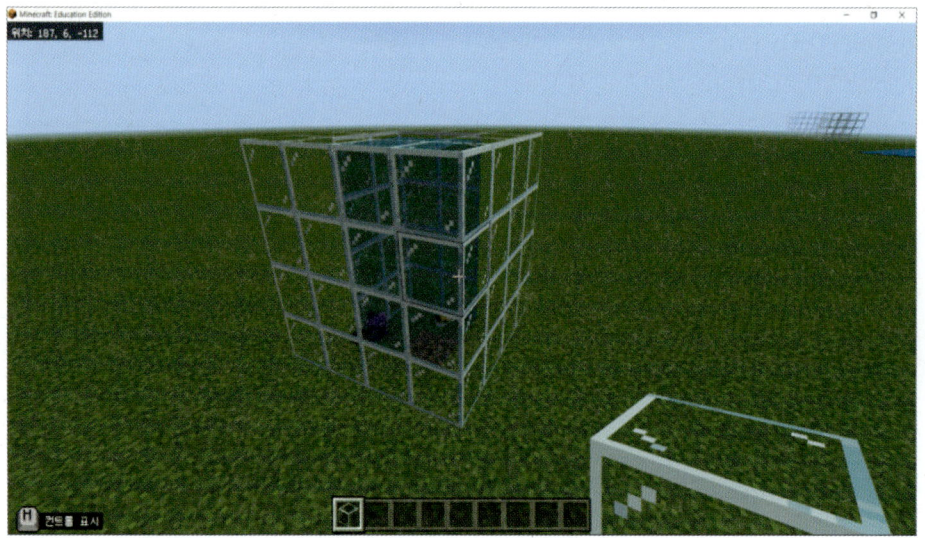

마인크래프트는 블록을 하나 하나 놓고, 쌓고 해서 만들어야 한다는 장점이자 단점이 있지요. 하지만 마인크래프트 에듀케이션에서는 코딩으로 한 순간에 수십 수백 수천장의 구조물이나 월드를 창조할 수 있습니다. 중, 고등학교 학생들에게 자신이 가지고 있는 생각과 아이디어를 활용해서 수많은 아이템을 활용하고, 프로그래밍을 하면서 멋진 메타버스를 만들어 보도록 해 보세요. 학생들은 가상세계의 신이 될 것입니다. 결과물이 나온다면, 선생님은 아마, 깜짝 놀라실 겁니다.

유저들이
만들어나가는
샌드박스 메타버스!
로블록스!

METAVERSE

CHAPTER 07

로블록스 활용 교육 준비하기

01. 로블록스를 알아보자!
02. 로블록스를 설치해보자!
03. 스마트폰으로 로블록스에 접속해보자!

01 로블록스를 알아보자!

로블록스는 마인크래프트와 비슷한 샌드박스 게임입니다. 샌드박스는 모래상자라는 뜻으로 사용자의 자유도가 높고 게임을 직접 만들어나갈 수 있다는 뜻입니다. 이미 유명한 마인크래프트와 비슷하다고 생각하실 듯 합니다만, 마인크래프트는 2011년 정식 출시로 로블록스가 더 먼저 출시된 게임입니다. 즉, 로블록스는 2006년에 정식 출시된 게임으로 오래된 게임입니다만, 근 3년 사이에 크게 주목을 받아 2021년 기준, 2억 명 이상이 플레이하고 있으며, 이들이 제작한 게임(월드)의 숫자도 약 4000만 개가 넘는 거대 플랫폼으로 발전했습니다.

로블록스에서 사용자는 게임 플레이어가 될 수 있고, 게임 크리에이터가 될 수 있습니다. 4000만 개의 다양한 세계에 접속하여 그 세계에서 주어진 역할을 수행하는 게임 플레이어가 될 수도 있고, 로블록스 스튜디오에서 다양한 장르의 게임을 마음껏 만드는 크레이에이터가 될 수도 있습니다.

로블록스 안에서는 로벅스라는 화폐를 사용합니다. 로벅스를 얻기 위해서는 실제 현금을 주고 구

*출처: https://corp.roblox.com/ko/

매할 수도 있고, 로블록스 안에서 로벅스를 얻을 수도 있습니다. 로벅스를 사용하여 사용자들은 캐릭터를 꾸미거나 다양한 아이템을 살 수 있습니다. 또한 게임에 접속하여 필요한 아이템을 구매할 때 로벅스가 사용되기도 합니다. 플랫폼에서 자체 화폐를 사용하는 경우는 흔하지만, 로블록스가 특별한 이유는 로벅스를 30%의 수수료를 제외하고 실제 화폐로 교환할 수 있기 때문입니다. 메타버스 내에서 실제적인 경제활동이 일어날 수 있는 것입니다.

로블록스의 사용자 수는 2019년에 9천만 명이었고, 2021년에는 2억 명을 넘어섰습니다.[1] 그 중 16세 미만의 사용자가 67%를 차지할 정도로 어린 사용자들의 비중이 높습니다. 또한 16세 미만의 미국인의 절반 이상이 로블록스를 즐기고 있습니다.[2] 미국 어린이들에게 가장 많은 영향력을 끼치고 있는 회사 가운데 한 곳이 로블록스입니다.

로블록스에서 아이들은 두 가지 역할을 합니다. 하나는 다른 사용자가 만든 게임을 즐기는 플레이어 역할, 다른 하나는 직접 세계를 만드는 창작자 역할입니다. 실제로 로블록스 안에서 창작자 역할을 하며 돈을 버는 청소년들도 점점 늘어나고 있습니다.

로블록스는 소셜 미디어의 역할도 하고 있습니다. 로블록스 사용자들은 로블록스 안에서 다른 사용자들이 만드는 세계 안에서 게임을 하면서 친구를 맺기도 하고, 채팅을 즐기며 메타버스 안에서 서로 친해집니다. 그러나 많은 아이들이 즐기는 로블록스에서 악의를 가진 어른들이 범죄를 일으키기도 해서 문제가 되고 있습니다. 로블록스는 미성년자들이 많이 이용하는 특성상 범죄적

---

1) https://backlinko.com/roblox-users
2) https://www.theverge.com/2020/7/21/21333431/roblox-over-half-of-us-kids-playing-virtual-parties-fortnite

인 행동의 의도를 가지고 있는 성인들에게 아동․청소년이 범죄에 노출될 가능성이 있습니다. 실제로 영국에서는 포트나이트와 로블록스를 통해 미성년자들에게 지속적으로 접근을 시도한 23세 남성이 징역 2년과 5년간의 성희롱 예방 명령(SHPO)을 선고받은 사건이 보도되기도 했습니다.3) 아이들이 안심하고 뛰놀 수 있는 세계를 만들기 위해서는 여러 노력이 필요합니다. 메타버스 세계에서도 마찬가지입니다. 범죄를 좀더 강력하게 막을 수 있는 방법과 현실 세계에서의 처벌 방안을 구체적으로 마련해야 할 것입니다.

02 로블록스를 설치해보자!

01.01 로블록스 회원 가입하기

① 로블록스는 홈페이지 첫 화면에서 바로 회원가입할 수 있습니다.

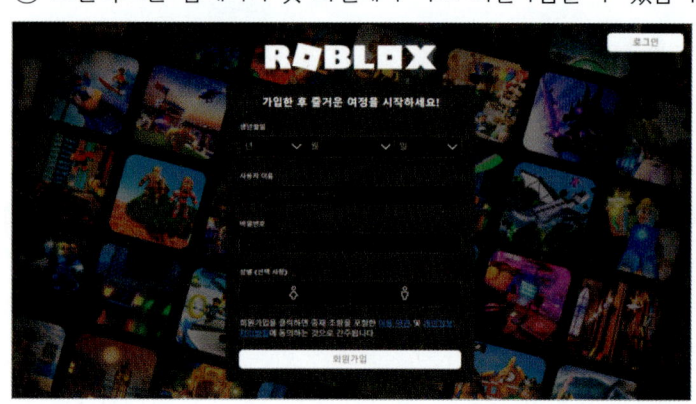

- 주소링크:
  https://www.roblox.com

② 회원 정보를 입력합니다. 회원 가입 버튼을 눌러 회원가입을 완료합니다.

---

3) https://www.hellot.net/news/article.html?no=57895

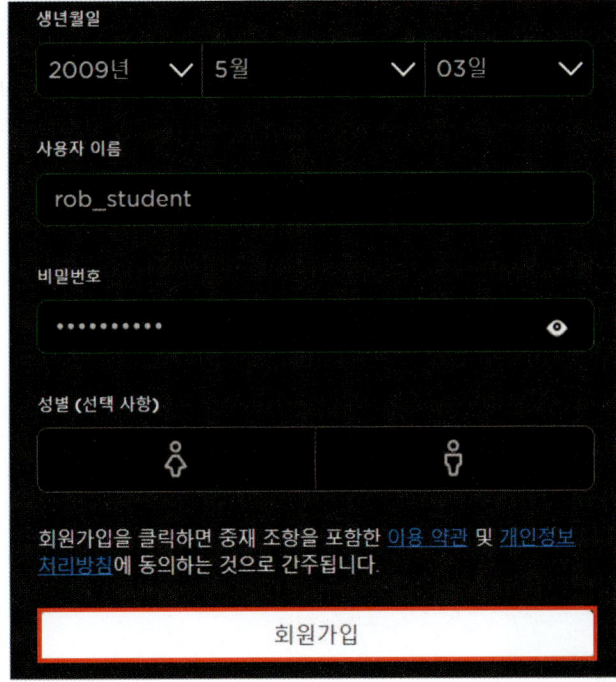

- 로블록스는 기본적으로 전체 이용가 게임이기 때문에 생년월일은 자유롭게 입력할 수 있습니다. 사용자 이름에는 알파벳, 숫자 및 _(언더바)만 사용할 수 있으며, 너무 간단한 조합의 비밀번호는 계정 생성이 불가능합니다.

③ 회원가입 버튼을 누르면 바로 여러 월드로 진입할 수 있는 화면이 나옵니다.

- 채팅으로 다른 플레이어와 대화를 하기 위해서는 왼쪽 상단의 채팅 버튼을 누르거나 '/'키를 입력합니다.

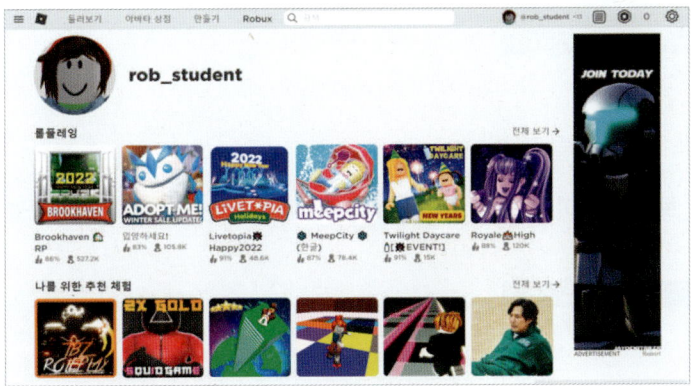

④ 설정-로그아웃 버튼을 눌러 메일 주소를 지정하도록 하겠습니다. 메일주소를 입력하지 않아도 사용이 가능하지만, 비밀번호를 잊었을 경우 등을 대비하여 지정하는 것이 좋습니다.

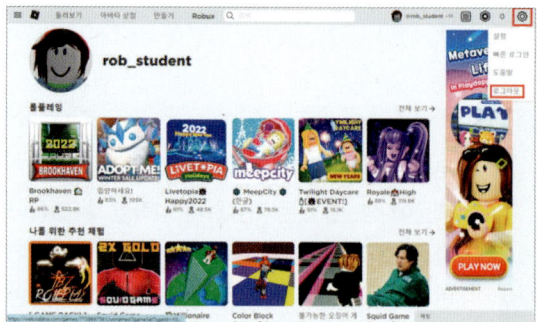 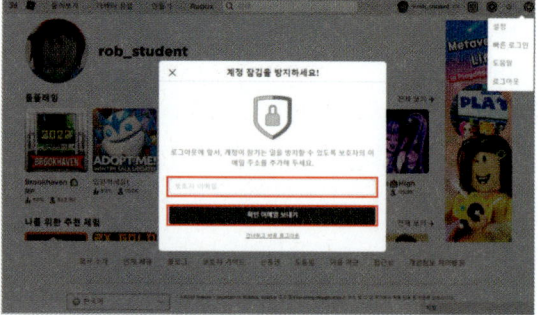

⑤ 이메일이 전송되었습니다.

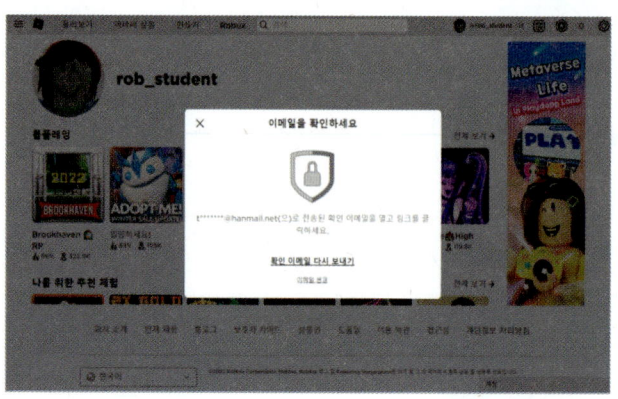

- 메일이 전송되지 않은 경우 휴지통, 스팸 메일함 등을 확인해 보고, 그렇지 않을 경우 화면의 '확인 이메일 다시 보내기'를 클릭합니다.

⑥ 메일 사이트로 접속하여 발송된 메일의 링크를 클릭합니다.

- 생년월일을 어린이로 입력하였을 경우 보호자 가이드 등이 같이 전송되며, 어른 생년월일을 입력하였을 경우 출력되는 메일이 다릅니다.

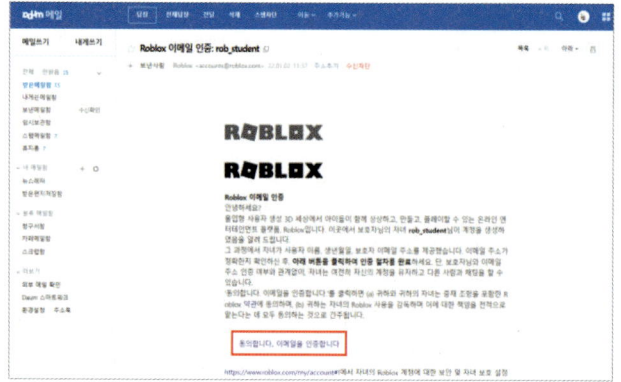 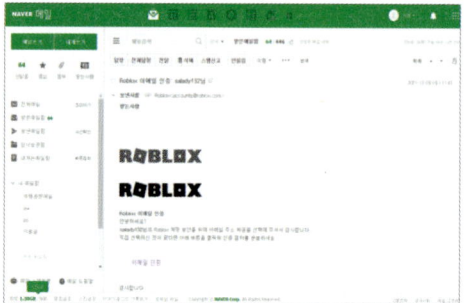

⑦ 인증이 완료되었습니다. 로블록스 아이콘을 눌러 홈 화면으로 돌아옵니다.

- 이제 로그인 방법을 잊어도 계정을 복구할 수 있게 되었습니다.

01.02 로블록스 플레이어 설치하기

① 로블록스 월드를 즐기기 위해서는 로블록스 플레이어 설치가 필요합니다. 홈 화면에서 아무 월드나 클릭합니다.

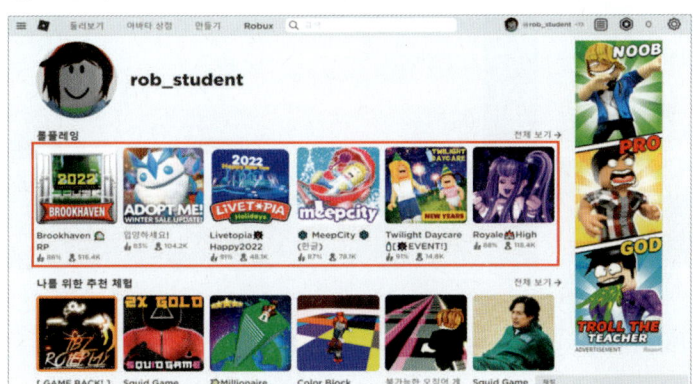

- 여기서는 맨 앞의 brookhaven으로 접속하겠습니다. 매번 다른 게임을 추천해 주기 때문에 똑같은 게임으로 들어갈 필요는 없습니다.

② 초록색 재생 아이콘을 선택합니다.

③ 'Roblox 다운로드 및 설치'를 클릭합니다.

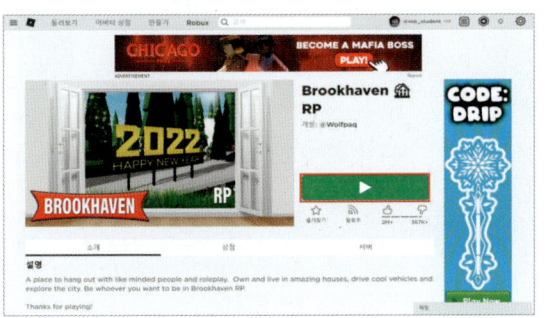

유저들이 만들어나가는 샌드박스 메타버스 로블록스 **115**

④ 설치 파일이 다운로드됩니다. 설치 파일을 실행합니다.

- Microsoft Edge 브라우저에서는 아래와 같이 화면이 출력됩니다.

 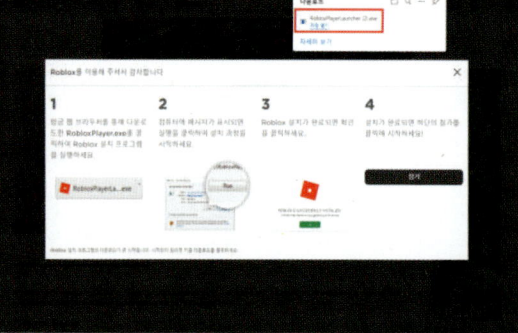

⑤ 자동으로 설치가 시작됩니다. 설치가 완료되면 확인 버튼을 클릭합니다.

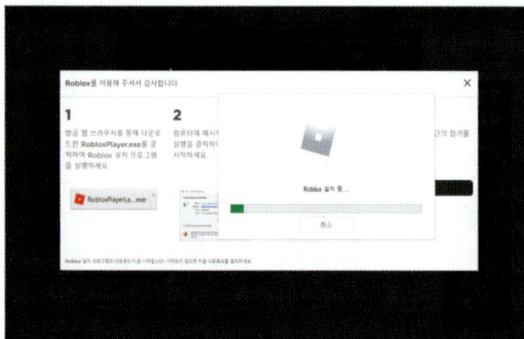 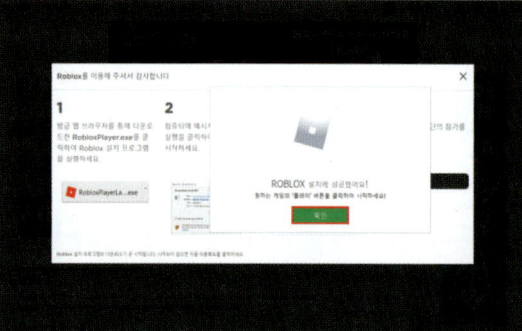

⑥ '참가'버튼을 눌러 로블록스 플레이어를 실행합니다. 경고창이 나왔을 때 체크박스에 체크하고 열기를 누르면 다음 접속이 더 편해집니다.

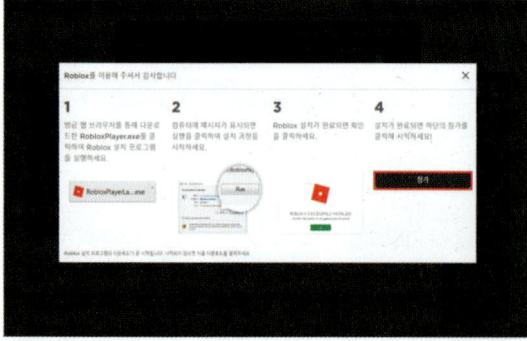 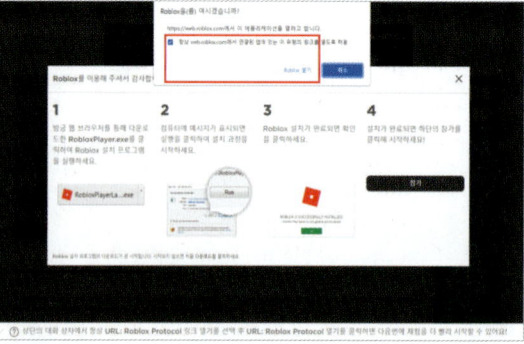

⑦ 로블록스 플레이어가 실행되고, 월드 첫 화면이 등장합니다. Play 버튼을 눌러 월드를 실행합니다.

⑧ 보통의 월드에서는 첫 시작 시 간단한 설정 및 조작법 소개가 이루어지는 경우가 많습니다. 왼쪽 위 로블록스 아이콘을 눌러 설정 창으로 들어갑니다. 이는 간편하게 esc 버튼을 눌러도 됩니다.

⑨ 설정 창에는 회원, 설정, 신고, 도움말, 녹화 탭 등이 있습니다. 여기서는 캐릭터 재설정, 게임 나가기 등도 가능합니다. 월드에서 캐릭터 조작에 필요한 키를 알기 위해 도움말 버튼을 클릭합니다.

⑩ 조작에 필요한 키를 확인하고, 키보드의 esc버튼을 눌러 월드 플레이 화면으로 돌아갈 수 있습니다.

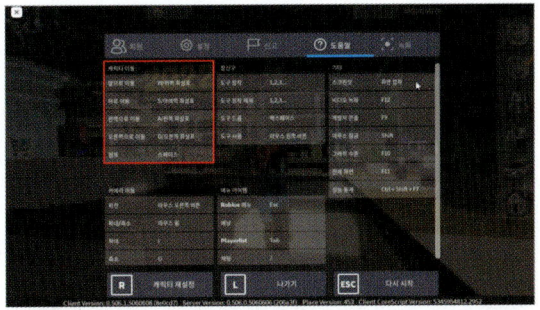

⑪ 나가기 버튼을 누르거나, 로블록스 플레이어를 종료하여 월드에서 나갈 수 있습니다. Brookhaven 월드가 궁금하신가요? 다음 차시에서 더 자세히 알아볼 것입니다.

- 나가기 버튼을 한번 더 클릭하여 월드를 종료합니다.

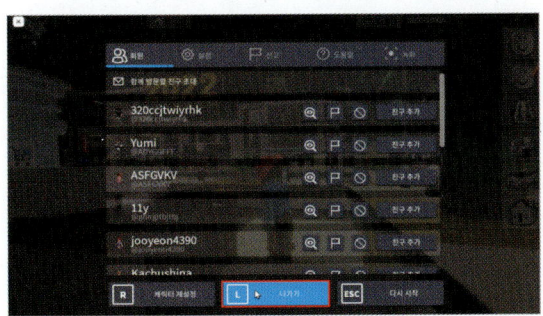

03 스마트폰으로 로블록스에 접속해보자!

로블록스는 PC와 스마트폰 모두 접속이 가능하는 등 높은 호환성이 장점입니다. 컴퓨터에서 로블록스 플레이어가 있어야 월드를 실행할 수 있는 것처럼 스마트폰에서는 로블록스 앱을 설치하여야 합니다. 지금부터 스마트폰으로 로블록스를 설치하고 접속하는 방법에 대해 알아보겠습니다.

① 스마트폰에서 안드로이드는 구글 플레이, iOS는 앱스토어에 들어갑니다.

② 검색창에서 로블록스를 검색합니다.

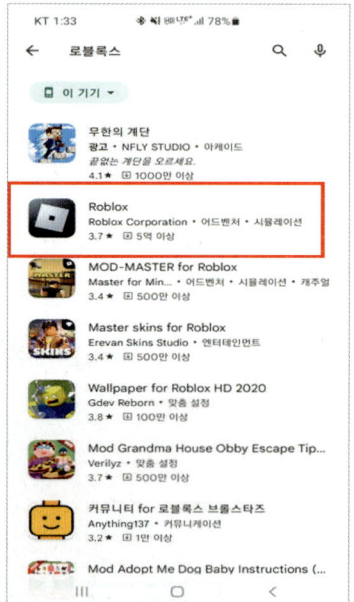

③ '받기' 및 '설치'를 클릭하여 다운로드하고, '열기'를 눌러 실행합니다.

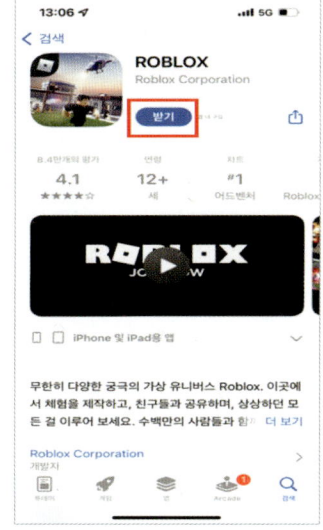
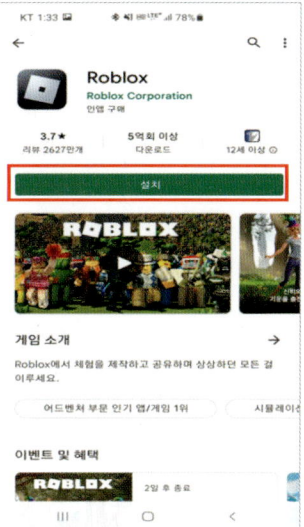

④ 로그인 버튼을 클릭하여 아이디와 비밀번호를 입력한 후 로그인합니다.

⑤ 2단계 인증을 진행합니다. 회원가입 시 입력했던 이메일 주소에 들어가 6자리 숫자를 입력하면 됩니다.

 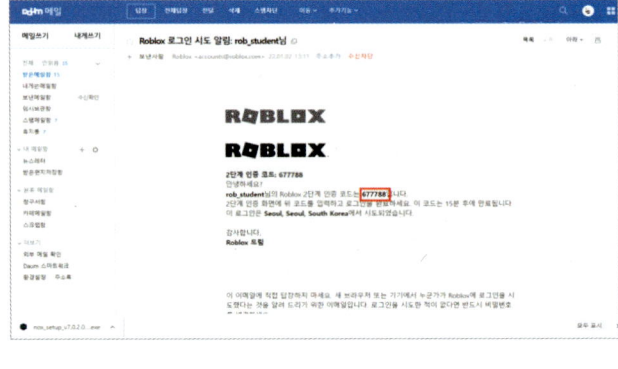

⑥ '확인'을 누르기 전, '30일 동안 본 기기 신뢰'를 누르면 30일동안 2차 인증을 진행하지 않아도 됩니다. 체크박스를 체크하고 '확인'버튼을 누릅니다. 그러면 PC로 접속했을 때와 흡사한 홈 화면이 나옵니다.

 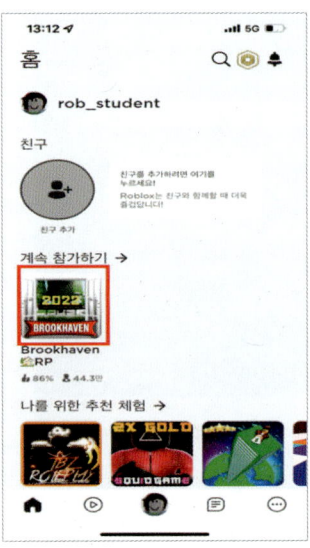

⑦ 들어가기 원하는 월드를 선택합니다. 초록색 시작 버튼을 눌러 월드에 입장합니다.

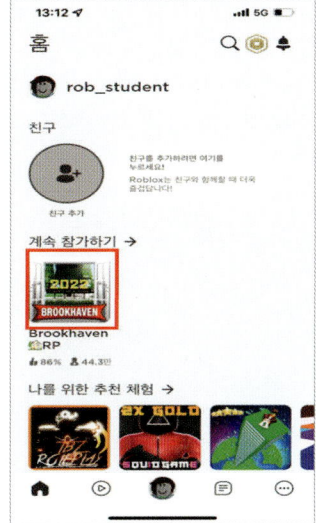 

⑧ 월드에 입장하면 로블록스 아이콘을 눌러 기초적인 도움말을 확인할 수 있습니다.

 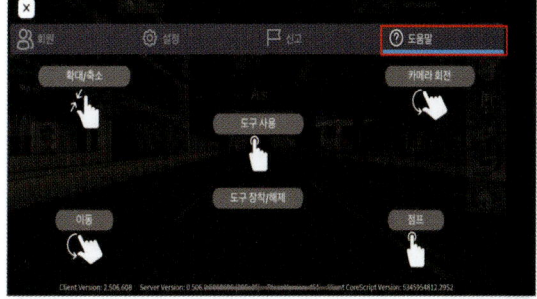

⑨ 월드를 나가고 싶을 때는, 로블록스 아이콘을 누른 후 나가기 버튼을 눌러 월드에서 나갈 수 있습니다.

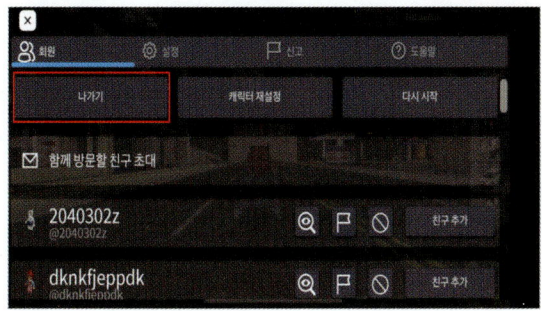 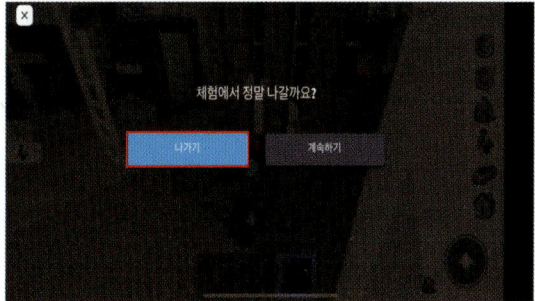

CHAPTER 08

로블록스 활용하기

04. 템플릿으로 빠르게 게임을 만들자!
05. 티셔츠부터 차근차근! 나만의 아이템을 만들자!
06. 로블록스 활용 교육! 초·중등 수업, 이렇게 해 보세요!

04 템플릿으로 빠르게 게임을 만들자!

앞서 설명한 것처럼 로블록스는 샌드박스형 게임입니다. 로블록스 안에서 자신이 직접 하나의 세계를 창조한다는 경험은 학생들에게 크나큰 자기효능감을 줄 것입니다. 아이템을 만들거나 가상 세계를 만들기 위해서는 스튜디오가 필요합니다.

04.01. 로블록스 스튜디오 설치하기

① 로블록스 스튜디오에서 '만들기'를 클릭합니다.

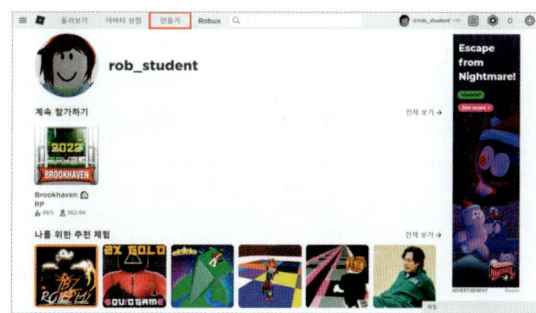

② Create new experience를 클릭합니다.

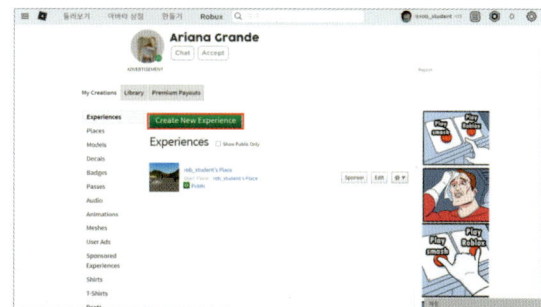

③ Studio 다운로드를 눌러 로블록스 스튜디오를 설치합니다.

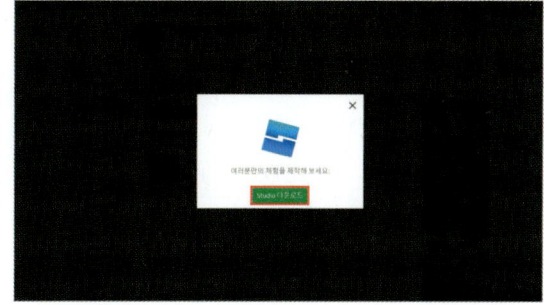

04.01. 로블록스 스튜디오 살펴보기

① 새로 만들기를 누릅니다.

② 기본 형태인 Baseplate를 선택합니다.

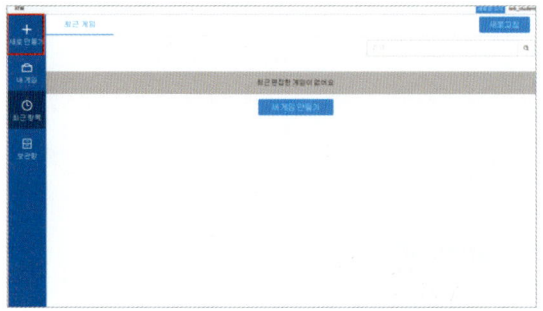
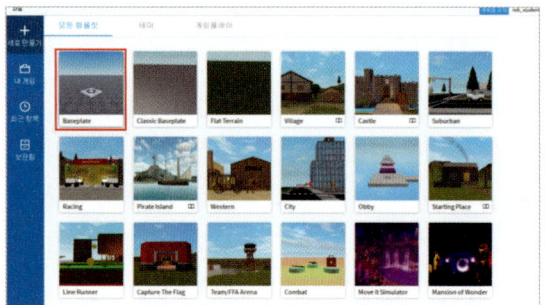

③ 작업 창이 나타납니다. 맨 위 홈, 모델, 테스트, 플러그인 등이 삽입된 곳을 메뉴 라고 칭하겠습니다.

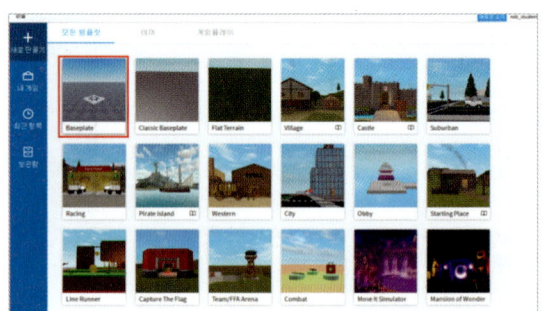
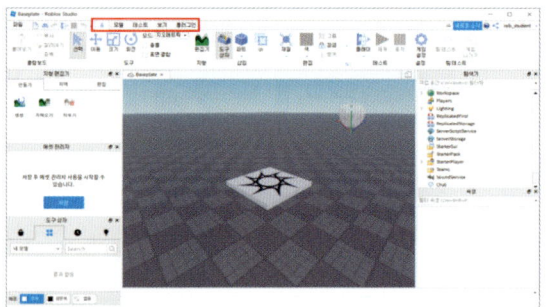

④ 클립보드 메뉴에는 클립보드와 관련된 도구들이 있습니다. 복사, 붙여넣기, 중복(복제)등의 메뉴가 있는데요, 문서 작업 때처럼 Ctrl+C, Ctrl+V 등을 이용하면 편리합니다.

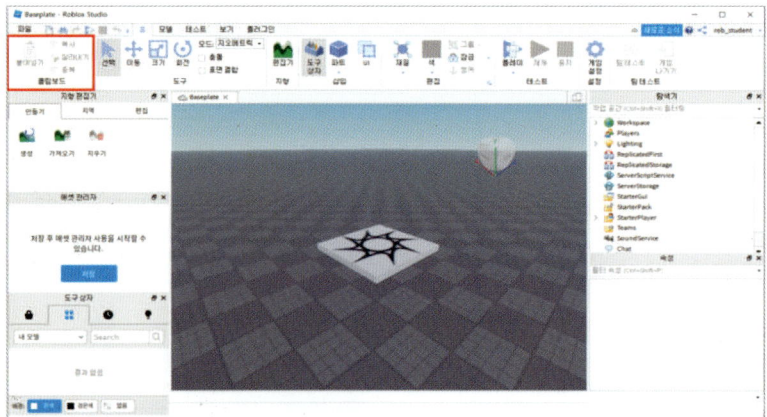

124

⑤ 그 옆은 도구 섹션입니다. 선택은 오브젝트를 선택할 때 기본적으로 사용하는 도구입니다. 이동은 선택한 오브젝트를 이동할 때 씁니다. 크기조절은 오브젝트의 크기를 조절할 때 사용하고, 회전은 선택한 오브젝트 주변에 있는 각각 다른 색의 구체를 움직여 오브젝트가 다른 방향을 향하도록 비틀거나 돌릴 수 있습니다. '충돌' 체크박스의 뜻은 두 오브젝트가 겹쳐질 수 없다는 뜻입니다. 즉 부딪히면 멈춥니다. '표면 결합' 체크박스 체크하면 두 오브젝트가 항상 또는 가끔 연결되거나, 아예 연결되지 않도록 정하는 옵션입니다.

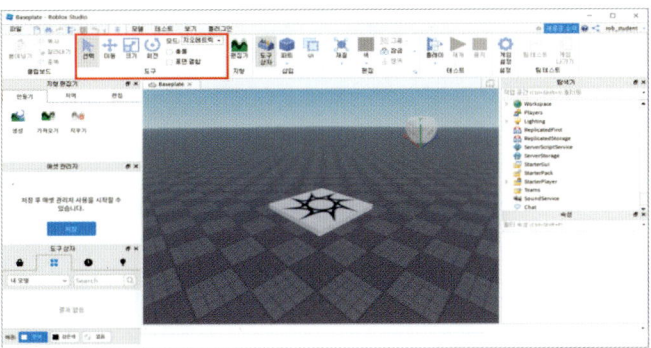

⑥ 지형 섹션은 지형이 없는 프로젝트에서 사용할 수 있습니다. 편집기가 활성화되어 있을 때 클릭하면 지형을 여러 가지로 변화시킬 수 있습니다.

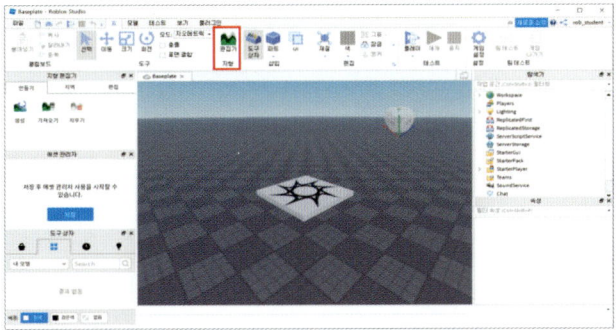

⑦ 삽입 섹션에서는 여러 가지 모양의 오브젝트들과 '파트'라고 불리는 기본 입체도형 등을 삽입할 수 있습니다. 이미 만들어진 다양한 모양의 오브젝트를 '도구상자'에서 자유롭게 검색하여 꺼내 쓸 수 있습니다. 이때 영단어를 이용하여 검색하면 편리합니다. 도구 상자에서는 모델 외에 이미지, 오디오, 비디오 등 다양한 자료를 꺼내올 수 있습니다.

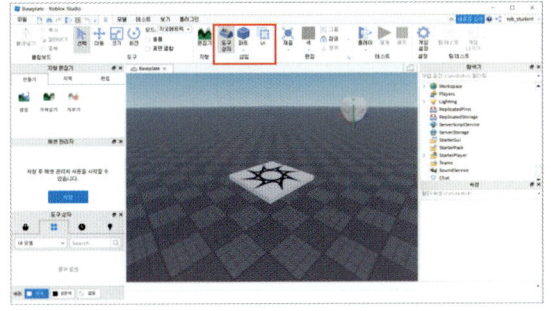
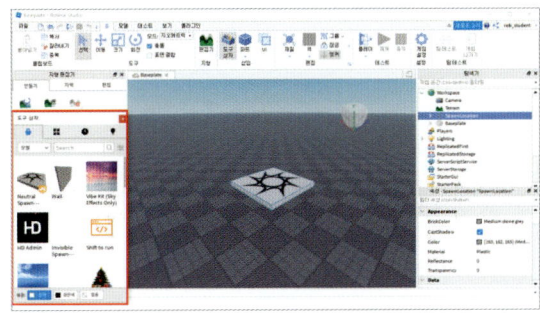

⑧ 편집 섹션에서는 오브젝트의 재질과 색을 변경할 수 있습니다. 툴박스에서 불러온 물체도 손쉽게 변화시킬 수 있습니다.

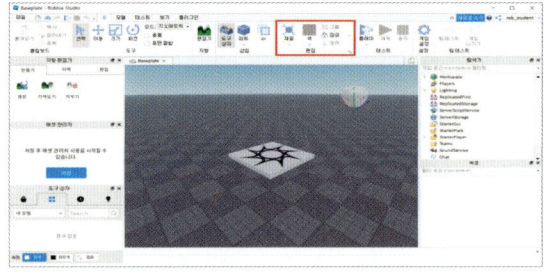

⑨ 테스트 섹션에서는 실제로 잘 구동되고 있는지 테스트 해볼 수 있습니다.

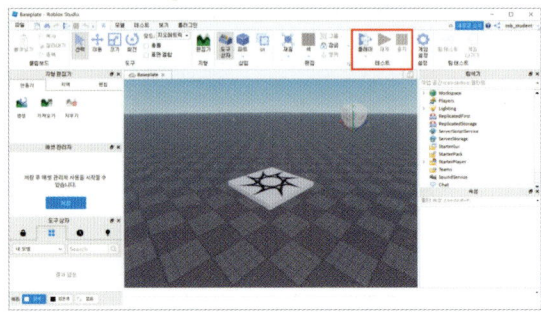

⑩ 간단하고 빠르게 알아보기 위해 보기 메뉴로 넘어가 보겠습니다. 보기 메뉴에서는 탐색기가 제일 잘 쓰입니다. 여기서는 현재 이 공간 안에 어떠한 파일들이 있는지를 알아볼 수 있습니다. 특히 '파트' 도형의 경우 많이 쓰면 무엇이 무엇인지 모르기 때문에 이름을 바꾸어 주는 편이 좋습니다.

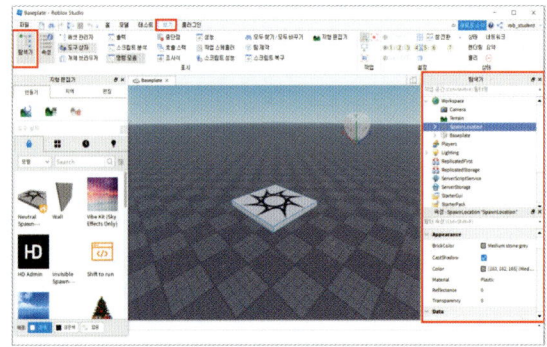

04.03. obby 템플릿을 이용한 게임 만들기

로블록스 스튜디오에 처음 접속하면 여러 가지 템플릿을 만나볼 수 있습니다. Baseplate에서 하나하나 만들어 가는 방법도 있지만, 기본 템플릿을 조금만 바꾸어 순식간에 나만의 월드를 만들어낼 수 있습니다. 여기서는 Obby 템플릿을 이용해 간단하게 게임을 만들어보겠습니다. 로블록스에서 Obby란 로블록스에서 장애물 코스(obstacle course)를 뜻합니다. 장애물 코스에서 약간의 수정을 함으로써 나만의 게임을 만드는 과정을 통해 로블록스 스튜디오에 대해 깊게 이해해 보겠습니다.

① 로블록스 스튜디오 첫 화면에서 Obby 템플릿을 선택합니다.

② 이미 만들어진 간단한 장애물 게임이 나타납니다. 플레이 버튼을 누르거나 F5를 눌러 게임을 시작해 봅니다.

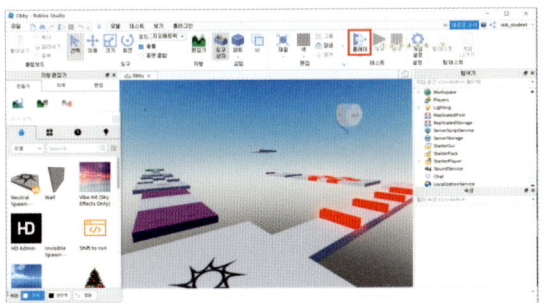

- W, A, S, D : 이동
- 방향키(또는 오른쪽 마우스버튼을 클릭한채 드래그)
  : 카메라 시점 변환
- 스페이스바 : 점프

③ 조작법을 익히며 끝까지 가 볼 수 있습니다. 떨어지면 소용돌이 모양의 체크포인트에서 다시 시작됩니다.

 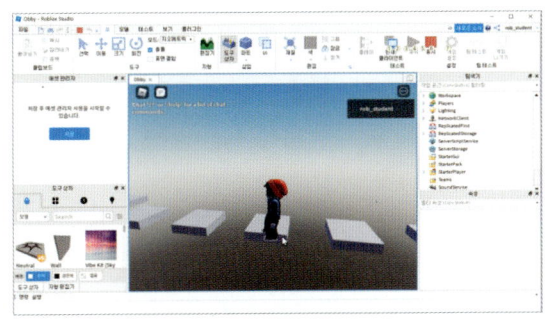

④ 끝까지 이동했다면 '중지'버튼을 눌러 나갑니다. 어려운 점이 많았다고요? 지금부터 바꾸어 나가면 됩니다.

유저들이 만들어나가는 샌드박스 메타버스! 로블록스

127

⑤ 이 게임을 이루고 있는 구성요소를 변경시켜서 나만의 게임을 만들어 보도록 하겠습니다. 먼저 게임을 이루고 있는 구성요소를 보기 위해 화면 오른쪽의 '탐색기'를 보도록 하겠습니다. 탐색기가 없다면 보기 메뉴의 맨 왼쪽에 있는 탐색기를 클릭하면 됩니다.

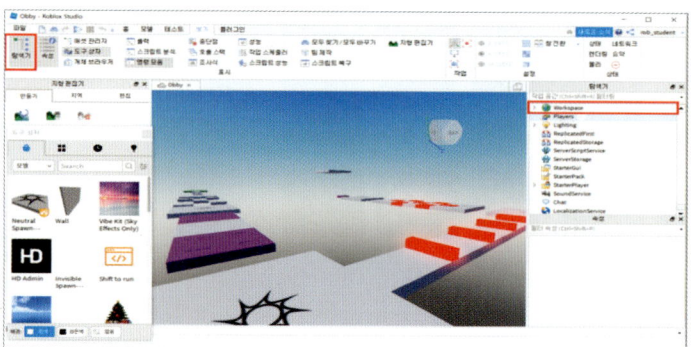

⑥ Workspace(작업공간)을 클릭하면 체크포인트, 컨베이어 등 여러 블록이 폴더 안에 묶여 있음을 볼 수 있습니다. 체크포인트 폴더를 클릭하면 폴더 안에 들어 있는 부분들이 화면 안에서 파란 테두리로 선택됨을 볼 수 있습니다.

- 화면 이동 키는 W, A, S, D와 Q, E 키입니다.

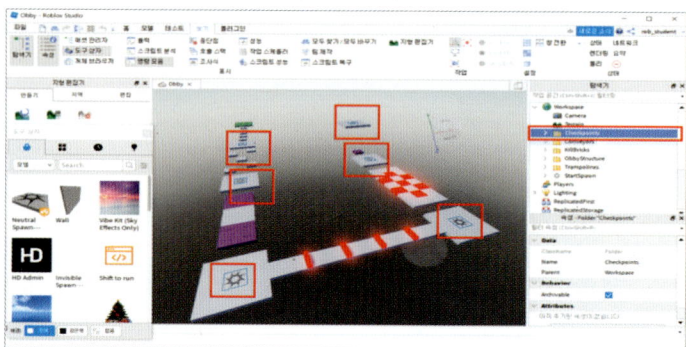

⑦ 밟으면 캐릭터가 부서지는 'killbricks'를 전부 제거해 보겠습니다. 폴더를 마우스 오른쪽 버튼으로 클릭하고 '삭제'를 누릅니다. 폴더를 한 번 클릭해 선택한 후 키보드 Delete를 눌러 삭제할 수도 있습니다. 삭제되고 나면 화면 안에서 빨갛게 빛나던 killbrick이 전부 삭제된 모습을 확인할 수 있습니다.

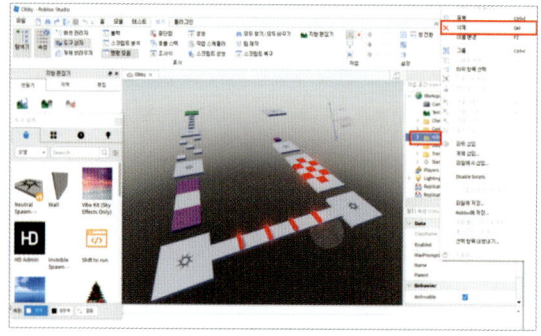 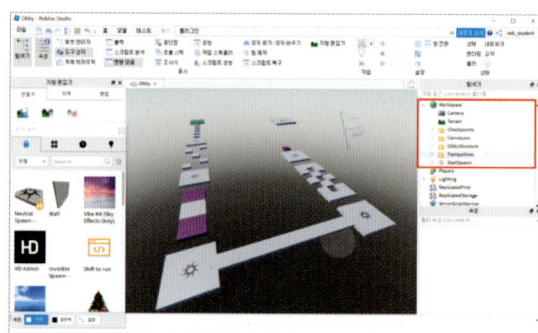

⑧ 홈 메뉴의 편집 섹션에서 오브젝트의 색을 바꾸어 보겠습니다. 홈 메뉴의 도구 섹션에서 마우스 선택 모드를 활성화하고 스타트 오브젝트를 클릭합니다.

- 선택 단축키는 Ctrl+1입니다.

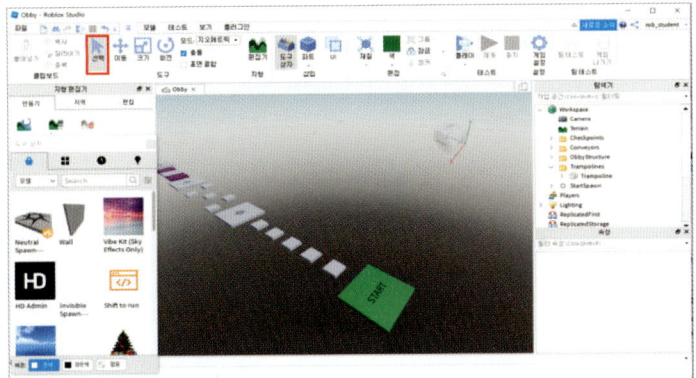

⑨ 편집 섹션의 '색'을 클릭하고, 원하는 색으로 지정합니다. 색이 바뀐 모습을 확인할 수 있습니다. Ctrl을 누른 상태로 여러 블록을 순차적으로 클릭하면, 여러 블록의 색깔을 한 번에 바꿀 수 있습니다.

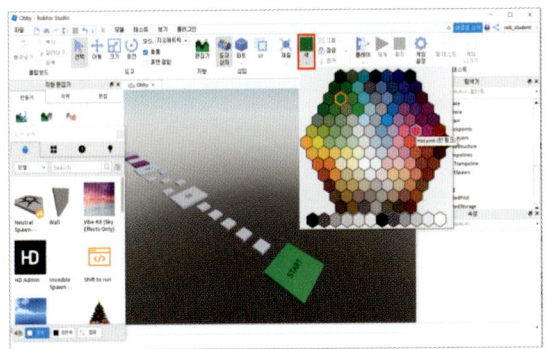 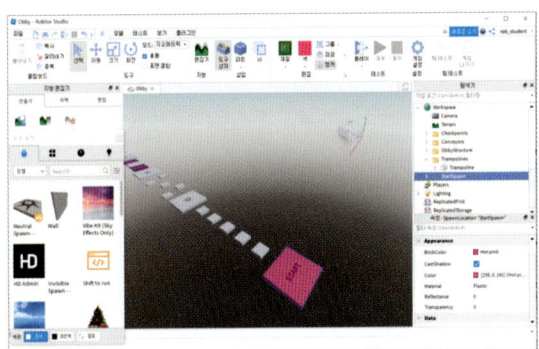

⑩ 다음은 오브젝트의 재질을 바꾸어 보겠습니다. 스타트 오브젝트를 선택하고, 편집 섹션의 '재질'을 눌러 원하는 재질을 선택해 보겠습니다. 자갈을 선택한 결과 오브젝트의 재질이 바뀌었습니다. 다양한 재질을 선택해 오브젝트를 좀 더 실감나게 바꿀 수 있습니다.

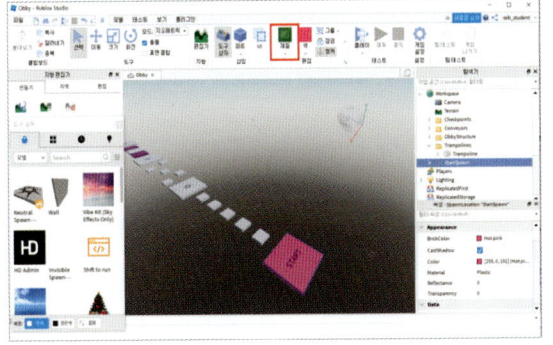 

⑪ 오브젝트의 크기를 변경하는 방법을 알아보겠습니다. 스타트 오브젝트 바로 앞 오브젝트가 너무 작은 것 같네요. 크기를 변경하기 위해 홈 메뉴의 도구 섹션에서 '크기'를 누르고 오브젝트를 선택합니다. 그러면 6개의 방향으로 구슬이 생성됩니다. 구슬을 클릭하여 x축, y축, z축 방향으로 크기를 조절할 수 있습니다. 조절이 완료되면 화면의 빈 부분을 클릭하면 선택이 취소가 됩니다. 스타트 지점에서 첫 블록까지는 걸어갈 수도 있겠습니다.

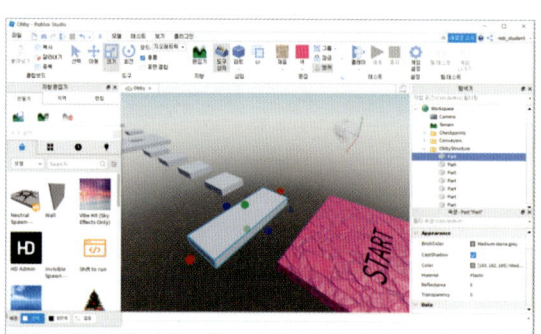

⑫ 다음은 오브젝트를 이동시켜 보도록 하겠습니다. 사실 도구 섹션의 선택, 이동, 크기, 회전 등 어느 탭을 사용하여도 한번 클릭하여 선택하고 마우스로 드래그 앤 드롭하여 원하는 위치로 이동시킬 수 있습니다. 그러나 많은 오브젝트가 있을 때 원하는 오브젝트를 정밀하게 이동시키기 위해서 이동 기능을 사용할 필요가 있습니다. 이동 버튼을 누르고 이동을 원하는 오브젝트를 선택합니다. 크기를 조절할 때와 다른 선 모양이 X,Y,Z 축 모양으로 나타납니다. X,Y,Z 선을 클릭하여 드래그하여 오브젝트를 원하는 위치로 이동시킬 수 있습니다.

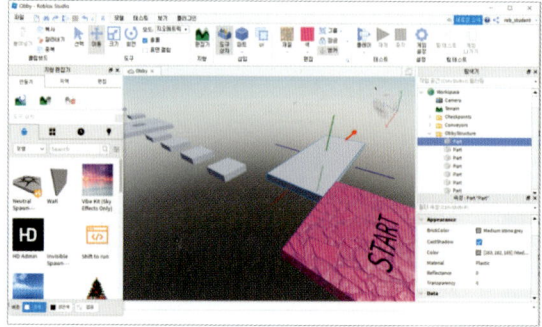

⑬ 다음은 오브젝트를 복사해 보도록 하겠습니다. 오브젝트를 선택한 상태에서 클립보드 섹션의 복사를 누릅니다. 그리고 붙여넣기를 누르면 됩니다. 짐작하셨겠지만 Ctrl+C, Ctrl+V로 훨씬 빠르게 진행할 수 있습니다. 붙여넣어진 오브젝트는 원하는 위치로 자유롭게 이동시켜 활용할 수 있습니다.

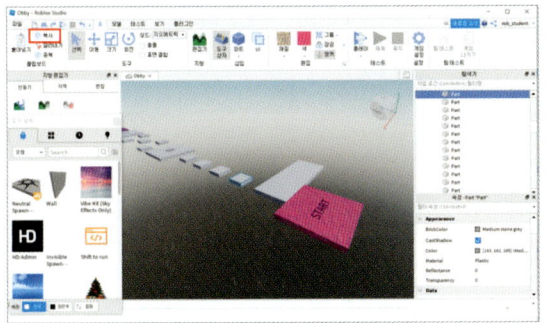
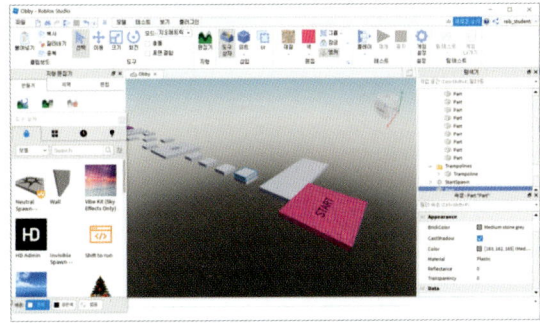

⑭ 새로운 오브젝트를 삽입해 보겠습니다. 삽입 섹션의 파트를 선택하면 블록, 구형, 쐐기형, 원통의 기본 도형을 삽입할 수 있습니다. 구형을 선택하여 삽입하고, 원하는 위치로 이동시킬 수 있습니다.

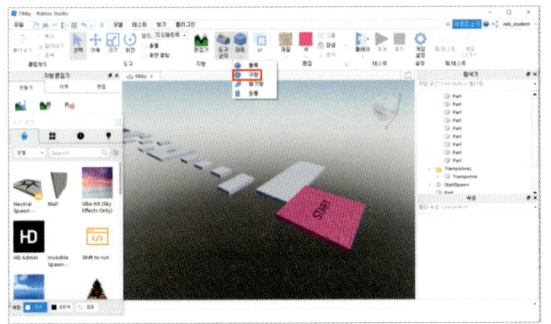
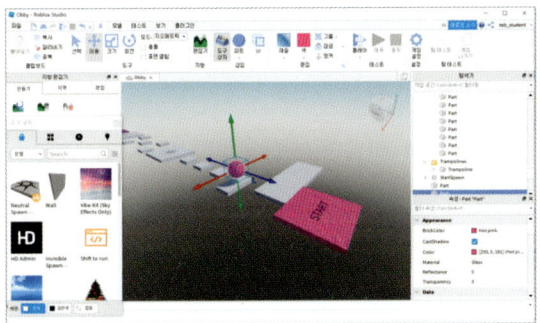

⑮ 플레이 또는 F5를 눌러 삽입한 오브젝트를 확인해 봅니다. 분명히 바닥에서 띄워 놓았는데, 확인해 보니 구가 바닥에 붙어 있습니다. 이 경우 어떻게 하는 것이 좋을까요? 로블록스의 오브젝트들은 기본적으로 중력의 영향을 받기 때문에 이를 위해 따로 선택을 해주어야 합니다. 하늘에 떠 있기를 원하는 오브젝트를 클릭하고 편집 섹션의 앵커 버튼을 눌러 줍니다. 플레이를 눌러 확인하면 구형이 만들기 모드일 때처럼 그대로 떠 있는 것을 볼 수 있습니다. 응용하면 하늘에 내리는 눈 등을 만들 수 있습니다.

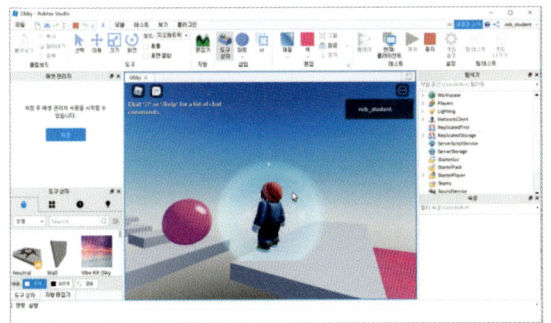

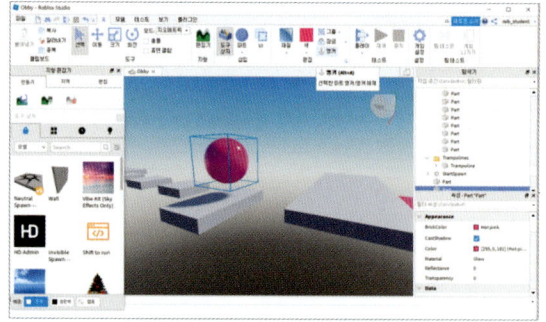

-앵커 단축키 Alt+A

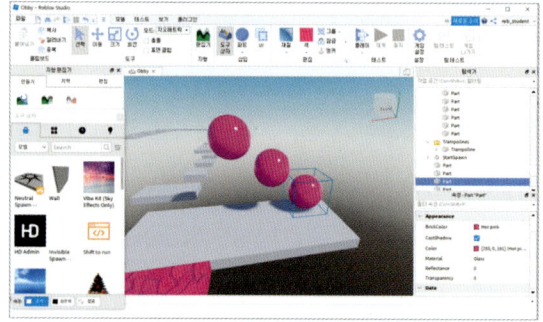

앵커를 적용하고 플레이를 누른 경우   앵커를 적용하지 않고 플레이를 누른 경우

⑯ 이러한 기능들을 활용하여 obby 템플릿을 자신만의 게임으로 꾸며 보는 것은 어떨까요? 이미 있는 템플릿에서 어려운 부분은 조금 쉽게, 쉬운 부분은 어렵게 만들어낼 수 있습니다. 한 번에 만들고 플레이하는 것이 아니라, 여러 번의 테스트를 거치는 활동을 통해서 문제해결력이 길러질 수 있을 것입니다.

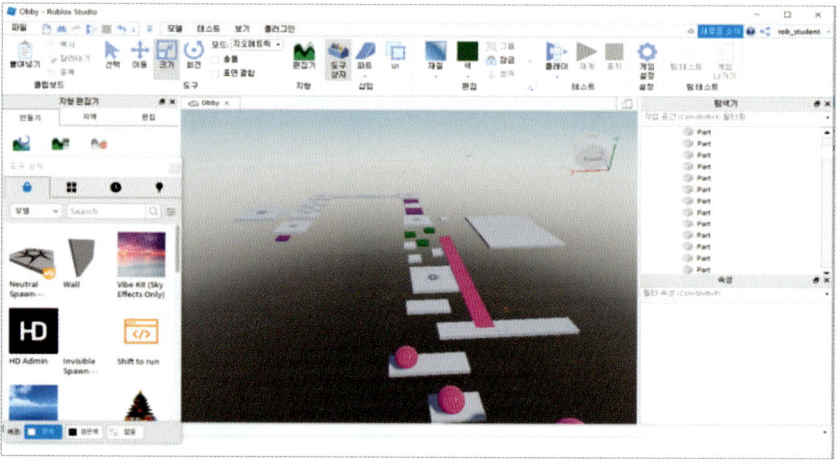

05 티셔츠부터 차근차근! 나만의 아이템을 만들자!

많은 자유도를 자랑하는 샌드박스 게임인 로블록스, 여기에서 나만의 아이템을 제작할 수 있다면 얼마나 멋질까요? 로블록스에서는 아바타가 입고 있는 많은 복장, 장신구들을 직접 디자인할 수 있습니다. 다만, 티셔츠를 제외한 다른 아이템들은 유료 멤버십을 구매해야 제작이 가능합니다. 여기서는 티셔츠 제작으로 아이템 제작의 기초에 대해서 알아보도록 하겠습니다.

① 로블록스 사이트의 홈에서 맨 왼쪽 위 메뉴 버튼을 눌러 줍니다. 그리고 아바타 버튼을 눌러 아바타 편집기로 들어갑니다.

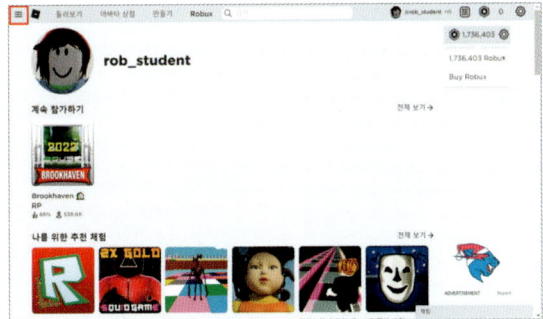 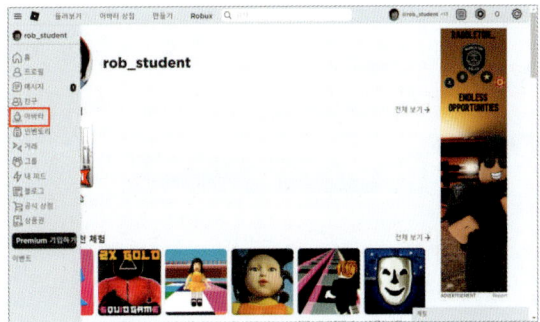

② 아바타 편집기에서 복장-티셔츠를 선택합니다.

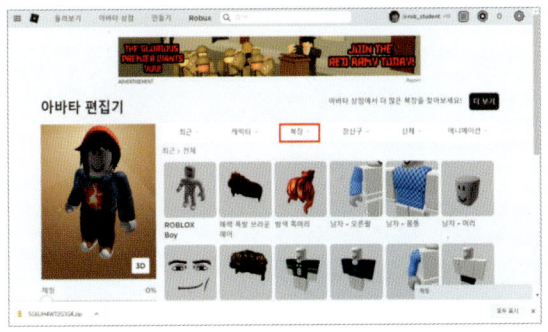 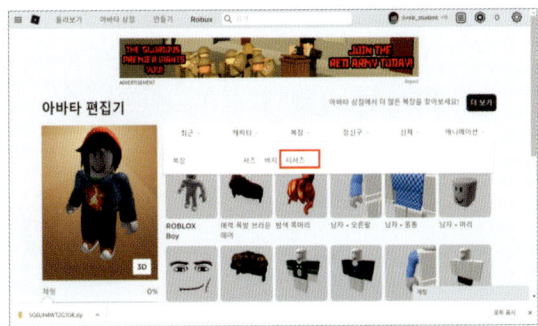

유저들이 만들어가는 샌드박스 메타버스! 로블록스 133

③ 티셔츠 탭에서 '만들기'를 선택합니다.

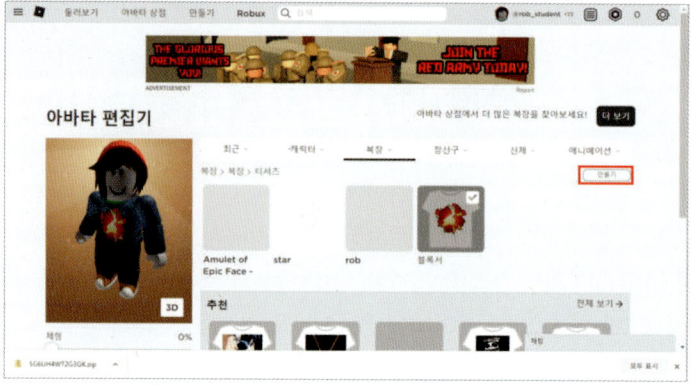

④ 티셔츠를 위한 파일을 만들어야 합니다. 크기 및 용량에 상관없이 거의 모든 그림 파일을 업로드할 수 있습니다. 로블록스에서 제시한 최적 그래픽은 128*128픽셀입니다.

<그림판> 그림판으로 이를 만들어 보도록 하겠습니다. 그림판에 들어가서 Ctrl+E 단축키로 '이미지 속성'에 진입합니다. 너비와 높이에 각 128픽셀을 입력하고 확인 버튼을 누릅니다.

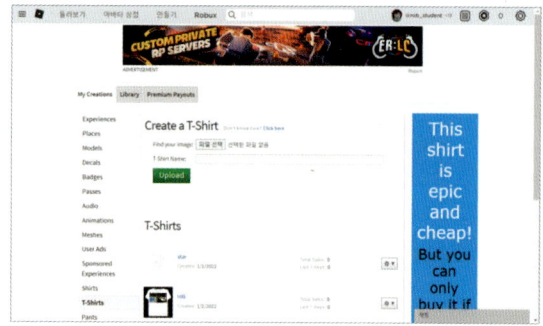 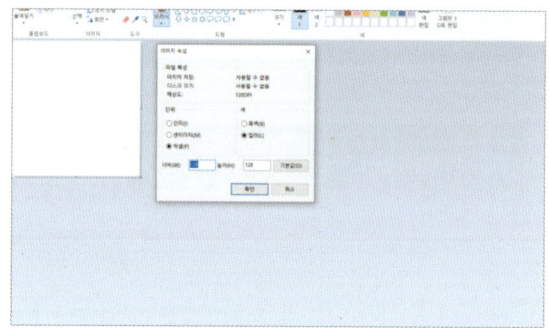

<미리캔버스> 미리캔버스로 만드는 방법입니다. 로그인 후, 작업 공간에서 디자인 만들기를 클릭합니다. 128, 128 px를 입력 후 새 디자인 만들기를 클릭합니다.

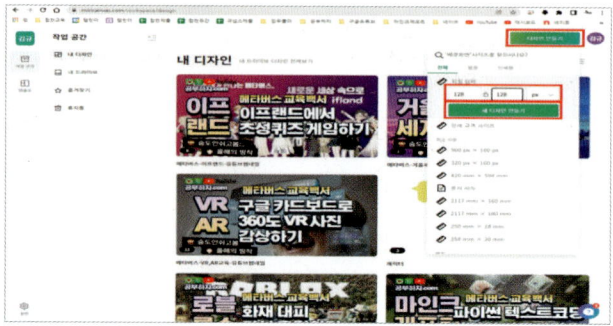

⑤ 만들어진 캔버스에 자유롭게 도안을 디자인하고, 저장합니다.

 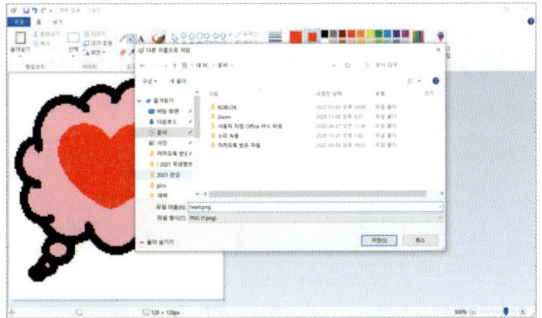

〈미리캔버스〉 다양한 요소들을 이용해서 디자인을 하고, 그림으로 저장합니다.

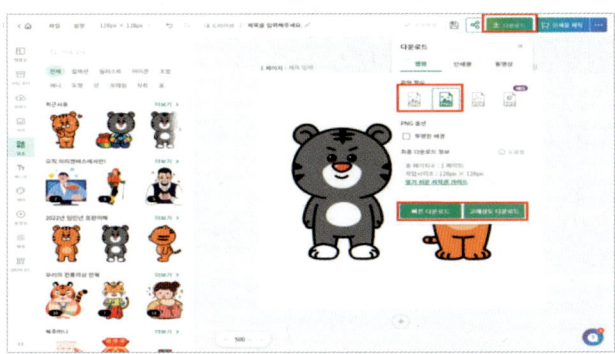

- 다운로드 - jpg 또는 png 파일 형식 선택
- 빠른 다운로드 또는 고해상도 다운로드를 클릭합니다.

⑥ 아까 열어 두었던 사이트로 돌아와서 '파일 선택'을 눌러 만든 이미지를 불러옵니다. 티셔츠 이름을 지정해야 하는데요, 이름에는 숫자가 들어가지 않는 알파벳만을 지정하여 넣습니다. 완료되었다면 Upload버튼을 누릅니다.

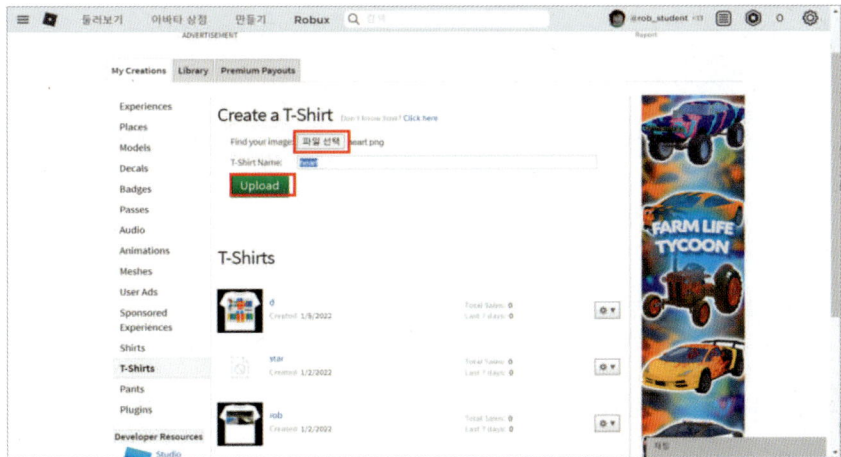

⑦ 내가 만든 티셔츠가 업로드된 것을 확인할 수 있습니다. 아직은 미리보기가 보이지 않는데요, 일정 시간이 지나야 업로드가 완료됩니다. 티셔츠의 판매를 위해서는 유료 멤버십에 가입해야만 합니다. 친구와 같은 옷을 입고 싶다면, 같은 이미지를 이용하여 티셔츠를 만들면 되겠지요?

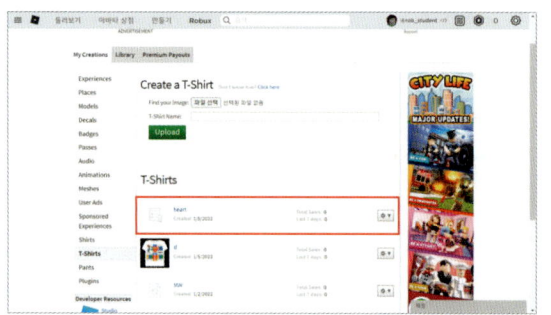

- 가끔 문제가 없는 이미지를 이용하더라도 메시지와 함께 아이템이 사용정지되기도 합니다.

⑧ 메뉴-아바타 버튼을 이용하여 만든 의상을 직접 입어볼 수 있습니다.

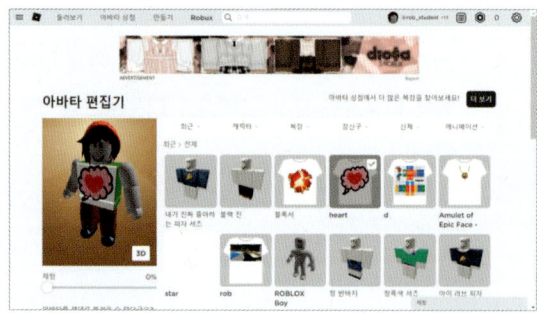

06 로블록스 활용 교육! 초·중등 수업, 이렇게 해 보세요!

중등선생님: 선생님! 로블록스가 게임 제작 외에 학습 부분에서 중고등학교 학생들도 충분히 흥미를 가지고 참여할 수 있는 방안에는 어떤 것들이 있을까요?

초등학생 뿐만이 아니라, 중학생이나 고등학생도 로블록스를 이용하여 가지고 충분히 즐겁고 유익하게 수업을 할 수 있습니다. 초 중등 학교급별로 간단히 사례를 소개해 드리겠습니다.

06.01. 로블록스 연계 초등 진로수업 아이디어 "게임 디자이너에 도전해요"

초등학생들 중에서는 단순히 게임을 좋아한다는 이유로 프로그래머나, 프로게이머가 되기를 희망하는 학생들이 많습니다. 게임관련 진로를 원한다고 이야기하는 학생들이 막상 게임만 플레이한다면? 실제적인 진로탐색의 기회가 많지 않을 것입니다. 학생들에게 로블록스를 이용하여 직접 게임을 제작하도록 한다면 어떨까요?

초등학교 4학년 학생이 만든 obby 게임
(https://web.roblox.com/games/6507452786/4)

로블록스 스튜디오를 이용해서 게임을 만드는 과정을 통해 스스로 좋은 게임을 위한 조건을 탐색하고 설계하며 창의성과 논리력을 키워 나갈 수 있을 것입니다. 또한 자신이 만든 세계 안에서 친구들과 소통하면서 자신의 진로에 대해 충분히 고민할 수 있는 기회가 될 것입니다. 가상현실을 만들 수 있는 로블록스 스튜디오의 특성상 굳이 게임만 만들지 않고, 자신이 설계하고 만들고 싶은 모델을 3D로 구현해낼 수 있으니, 다양하게 확장도 가능합니다.

06.02. 로블록스 연계 중등 진로수업 아이디어 "영화를 만들어요"

영화가 연극과의 차이점 중 하나는 영화에서는 실제로 불가능한 것도 촬영 및 편집을 통해서 이루어낼 수 있다는 것입니다. 로블록스 세계에서는 어떤 것이든 만들어낼 수 있기 때문에 학생들이 가진 생각을 자유롭게 펼칠 수 있습니다. 로블록스 스튜디오를 이용해 월드를 설계하고, 등장

인물들을 움직여 영상을 제작할 수 있습니다. 학교 안에서 영화 촬영에 필요한 시간, 공간, 예산상의 한계로 불가능했던 표현을 로블록스에서는 자유롭게 나타낼 수 있습니다. 자유학기제를 이용하여 로블록스 안에서 장기 프로젝트를 통해 멋진 영화를 만들어 볼 수 있겠습니다.

실감나는
로블록스
진로체험!

CHAPTER 09

로블록스 활용 직업 체험하기

01. 'City Life' 속 직업을 체험하자!
02. 'Brookhaven' 속 직업을 체험하자!
03. 'Livetopia' 속 직업을 체험하자!

01 'City Life' 속 직업을 체험하자!

로블록스 메타버스 'City Life'는 'Simple Games Incorporated'가 개발한 게임입니다. 로블록스 플랫폼의 특징인 높은 자유도를 바탕으로 메타버스 세상 속에서 헤어디자이너, 경찰, 소방관, 요리사, 환경미화원이 되어 직업을 체험해 볼 수 있습니다. 또한 근로에 대한 대가인 급여를 이용하여 자신의 집에 필요한 여러 가지 가구, 가전, 장식품 등을 살 수 있다는 점은 또 하나의 매력포인트입니다. 이를 통해 학생들은 직업체험뿐만 아니라 경제개념까지도 간접적으로 익힐 수 있습니다. 그럼 지금부터 메타버스 속 5가지 직업 중 2가지를 예시로 진행해 보도록 하겠습니다.

01.01 소방관 체험하기

화재현장에 언제나 제일 먼저 도착하여 자신의 생명을 담보로 위험에 처한 시민들을 구출하고 화재를 진압하는 멋진 소방관, 우리도 메타버스 속 소방관이 되어서 화재진압 및 시민구출 임무를 수행해 보도록 하겠습니다.

 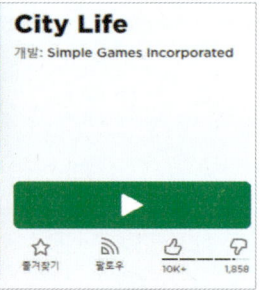

*출처: https://www.roblox.com/games/5802642341/City-Life

① 다음 링크로 접속 후 플레이 버튼을 클릭합니다. 직접 로블록스 홈페이지에서 'City Life'를 검색 후 플레이할 수도 있습니다.

- 주소링크:
https://www.roblox.com/games/5802642341/City-Life

② 가운데 Play 버튼을 클릭합니다.

③ 다양한 직업들을 볼 수 있습니다. 우선 'My House'를 클릭하여 나만의 집을 방문하겠습니다.

- 채팅으로 다른 플레이어와 대화를 하기 위해서는 왼쪽 상단의 채팅 버튼을 누르거나 '/'키를 입력합니다.

④ 자동으로 생성된 집 안으로 들어가도록 합니다.

- 집은 자동으로 생성되며 집 안의 구조 또한 모든 유저가 동일합니다. 다만 앞으로 여러 직업을 통해 얻은 수익으로 가구, 가전 등을 구입하여 집 안에 배치할 수 있습니다.

⑤ 소방관 복장을 갖추도록 하겠습니다. 옷 모양의 아이콘을 클릭합니다.

실감나는 로블록스 진로체험! 141

⑥ 소방관 헬멧을 선택합니다.

1. 모자 아이콘을 클릭합니다.
2. 'Work' 버튼을 클릭합니다.
3. 소방관 헬멧을 선택후 클릭합니다.

⑦ 소방관 유니폼을 선택합니다.

1. 유니폼 아이콘을 클릭합니다.
2. 소방관 유니폼을 선택합니다.

⑧ 'Back' 버튼을 클릭합니다.

⑨ 우측의 Job 아이콘을 클릭합니다.

⑩ 5개의 직업을 볼 수 있습니다. 여기서는 'Firefighter'를 선택하겠습니다.

⑪ 소방서로 장소가 변경됩니다. 화살표 방향으로 이동합니다.

⑫ 화재현장으로 신속히 출동하기 위해서는 차량이 필요합니다. 소방차를 타도록 하겠습니다.

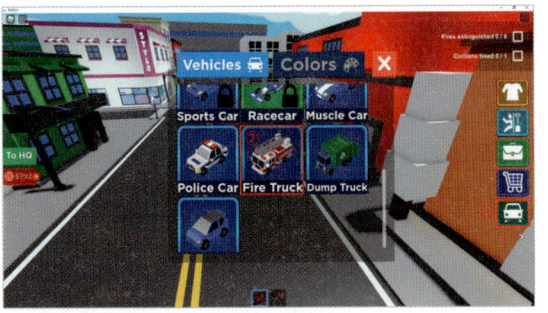

1. 우측 자동차 모양의 아이콘을 클릭합니다.
2. 팝업된 화면에 나타난 'Fire Truck'을 선택합니다.

⑬ 화재현장으로 이동합니다. 붉은색 화살표를 따라가며 운전을 하면 됩니다.

⑭ 이제 차량에서 내리도록 합니다.

1. 차량 모양 아이콘을 클릭합니다.
2. Remove 아이콘을 클릭합니다.

⑮ 소화전의 물을 이용하여 불을 끕니다.

1. '1'번 키 또는 화면 하단의 소화전 아이콘을 클릭합니다.
2. 화재가 발생한 장소로 마우스클 클릭하면 물이 나와서 불을 끄기 시작합니다.

⑯ 축하합니다. 화재진압공로로 수당을 받게 되었습니다. 본인의 은행계좌로 돈이 입금되었네요.

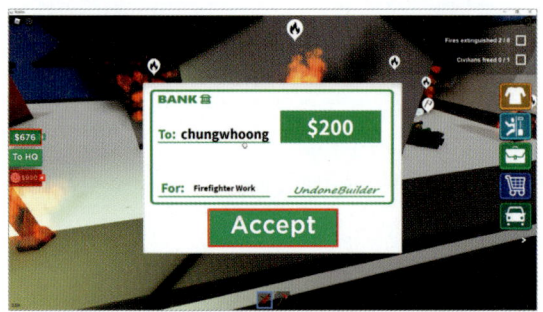

- 'Accept'버튼을 클릭하면 200달러를 받을 수 있습니다. 왼쪽 내 계좌잔고가 476달러에서 676달러로 변경된 것을 볼 수 있습니다.

⑰ 다음으로 사람을 구출할 시간입니다. 도끼를 이용하여 장애물을 제거합니다.

1. '2'번 키 또는 화면 하단의 도끼 아이콘을 클릭합니다.
2. 사람이 장애물에 갇힌 장소로 마우스를 클릭하면 도끼를 이용하여 장애물을 제거합니다.

⑱ 장비를 업그레이드 할 수 있습니다. 더 좋은 장비는 더 빨리 업무를 수행하도록 도움을 줍니다.

- 왼쪽 가운데 화면에 '$1.5K'를 볼 수 있습니다. 이 금액을 이용하여 장비를 구입할 수 있습니다. 'Buy'버튼을 클릭합니다.

⑲ 노란색 호스는 기존 붉은색 호스에 비해 수압이 더 강합니다. 새로운 장비를 구입하겠습니다.

1. 'Hoses'를 클릭합니다.
2. 2번째 노란색 호스를 선택합니다. 물이 뿜어져 나오는 파워가 20으로 업그레이드 될 수 있습니다.
3. 'Buy' 버튼을 클릭합니다.

⑳ 이제 우측 'Job'버튼을 클릭하여 'My House'를 클릭합니다.

㉑ 'Build' 버튼을 클릭 후 원하는 가구나 가전을 선택합니다.

㉒ 마우스와 'R'키(대상물체를 회전시킴)을 이용하여 원하는 위치에 배치합니다.

01.02 환경미화원 체험하기

새벽부터 거리를 항상 깨끗하게 청소해 주시며 쓰레기를 수거해 주시는 고마운 환경미화원분들 덕분에 우리가 사는 동네는 항상 쾌적합니다. 메타버스 속에서 환경미화원이 되어 깨끗한 도시를 만들어 보겠습니다.

① 유니폼 아이콘을 클릭 후 환경미화원 복장을 선택합니다.

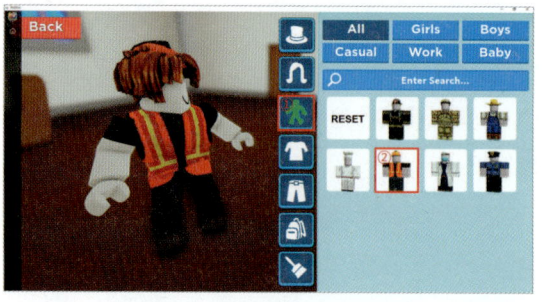

1. 유니폼 아이콘을 클릭합니다.
2. 환경미화원 유니폼을 선택합니다.

② 모자 아이콘을 클릭 후 전용 헬멧을 선택합니다.

1. 모자 아이콘을 클릭합니다.
2. 환경미화원 유니폼을 선택합니다.

③ 'Job' 아이콘을 클릭 후 'Cleaner'를 선택합니다.

④ 쓰레기 소각장으로 장소가 변경되었습니다. 1번 키를 눌러서 빗자루를 선택합니다.

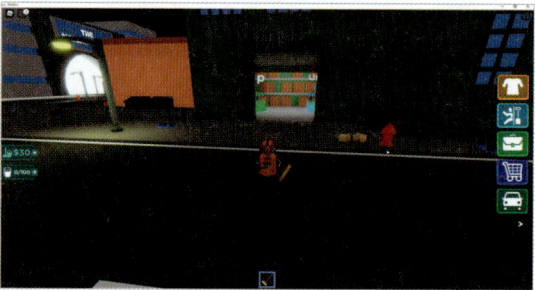

⑤ 주변의 쓰레기를 마우스 클릭을 통해 등 뒤에 맨 통으로 넣도록 합니다.

- 쓰레기를 한 번 치울 때마다 왼쪽 아이콘의 숫자가 2, 4, 10씩 랜덤한 값으로 증가함을 알 수 있습니다. 총 100까지의 숫자가 채워지도록 열심히 쓰레기를 줍도록 합니다.

⑥ 거리를 열심히 청소한 끝에 총 목표치에 도달하였습니다. 'Empty' 버튼을 클릭합니다.

⑦ 쓰레기 소각장에 도착 후 쓰레기를 소각장에 넣습니다.

- 쓰레기를 소각장에 넣으면 청소장비를 구입할 수 있는 금액을 대략 100달러 정도 받을 수 있습니다.
이 금액을 이용하여 청소장비를 업그레이드 할 수 있습니다.

⑧ 축하합니다. 거리를 깨끗하게 만든 공로로 급여가 입금되었습니다.

⑨ 우측 메뉴에서 세 번째 JOB 메뉴를 클릭 후, 귀가합니다. 집에 들어와 우측 메뉴의 첫 번째 'BUILD'메뉴를 클릭하여 원하는 가구를 구입하세요.

이 밖에도 요리사, 헤어디자이너, 경찰관 직업들도 체험할 수 있습니다. 학생들은 여러 직업들을 메타버스 세상 속에서 동시에 체험하며 생생한 직업현장을 느낄 수 있습니다.

02 'Brookhaven' 속 직업을 체험하자!

로블록스 메타버스 'BrookhavenRP'는 무려 1100만 이상의 유저가 즐겨찾기고 등록을 할 정도로 인기가 있는 메타버스 중 하나입니다. 높은 자유도를 바탕으로 다양한 직업들을 체험할 수 있으며 근로에 대한 대가로 받은 금액을 이용하여 빈 땅을 매입하고 자신만의 집을 지을 수 있다는 점은 현실세계를 반영합니다. 그럼 지금부터 메타버스 속 수 많은 직업 중에서 3가지를 예시로 진행하도록 하겠습니다.

*출처(홈페이지에서 다운받기 바람):
https://www.roblox.com/games/4924922222/Brookhaven-RP

02.01 의사 체험하기

환자의 질병을 치료하고 수술을 통해 환자의 목숨을 살리는 일을 하는 의사는 현재 가장 인기가 높은 직업 중 하나입니다. 우리도 의사가 되어 응급환자 수송부터 입원, 수술까지의 과정을 간단히 체험해 보도록 하겠습니다.

① 다음 링크로 접속 후 플레이 버튼을 클릭합니다. 로블록스 홈페이지에서 'BrookhavenRP'를 검색 후 플레이하셔도 됩니다.

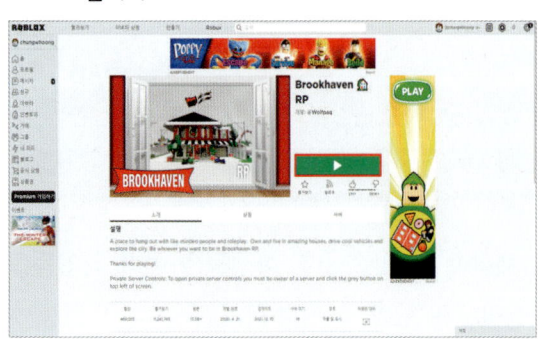

- 주소링크:
https://www.roblox.com/games/4924922222/Brookhaven-RP

② 'Play' 버튼을 클릭합니다.

③ 우측에서 6개의 아이콘을 볼 수 있습니다.

- Avatar: 개인 프로필 설정
- Avatar Editor: 개인 복장 설정
- Tools: 개인 소지품 설정
- Animation: 다양한 포즈 설정
- Vehicle: 차량선택
- House: 주택 선택

④ 개인 프로필을 설정합니다.

1. 'Avatar' 아이콘을 클릭합니다.
2. 'Name' 아이콘을 클릭합니다.
3. 'RP Name'에는 자신이 원하는 이름을, 'Info/Bio'에는 직업(여기서는 doctor)을 입력합니다.

⑤ 의사마크를 선택합니다.

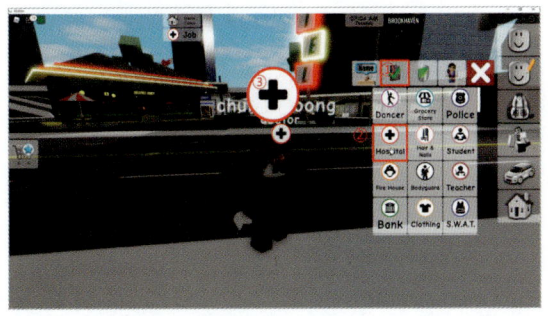

1. 'Name' 옆의 직업표시 아이콘을 클릭합니다.
2. 'Hospital'을 검색합니다.
3. 검정십자가마크가 생성된 것을 볼 수 있습니다.

실감나는 로블록스 진로체험! 149

⑥ 'Avatar Editor' 아이콘을 클릭한 후 의사 복장을 선택합니다.

⑦ 'Tools' 아이콘 클릭 후 의사에게 필요한 물품들을 모두 선택합니다.

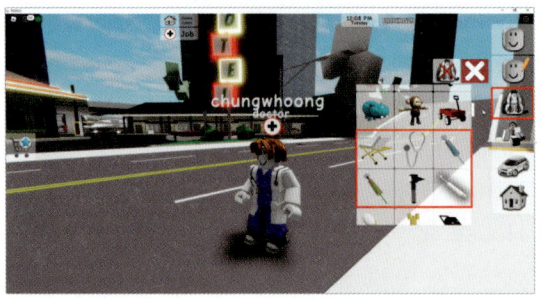 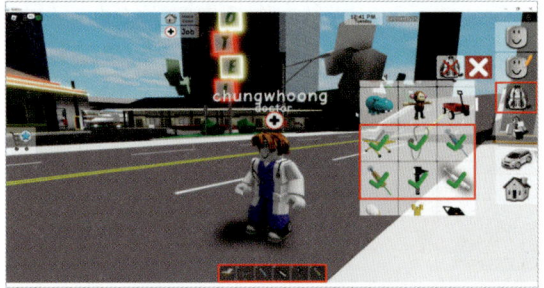

⑧ 'Vehicle' 아이콘 클릭 후 구급차를 소환합니다. 이어서 환자는 구급차 뒤편에 탑승합니다.
　(환자역할은 메타버스에 같이 접속한 친구가 역할을 하도록 합니다.)

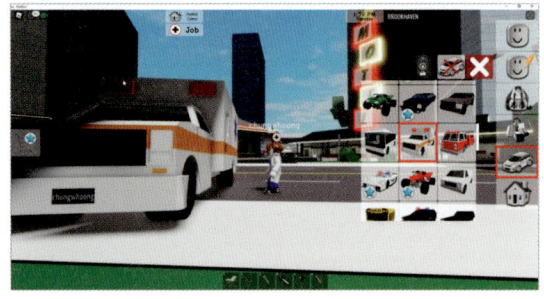 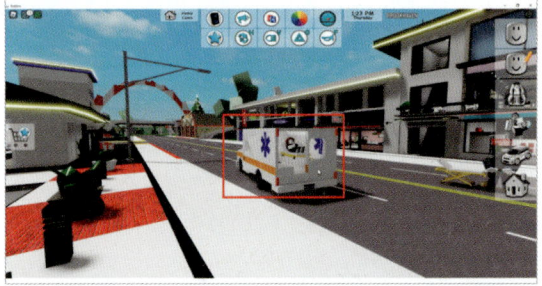

⑨ 환자탑승 확인 후 본인은 운전석에 탑승하여 병원까지 이동합니다. 도착 후 스페이스키를 눌러 차에서 내립니다.

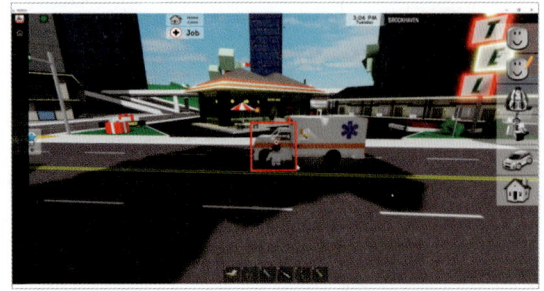 

⑩ 1번키를 눌러 환자이송용침대를 소환 후 환자를 수술실(SURGERY)로 이송합니다.

 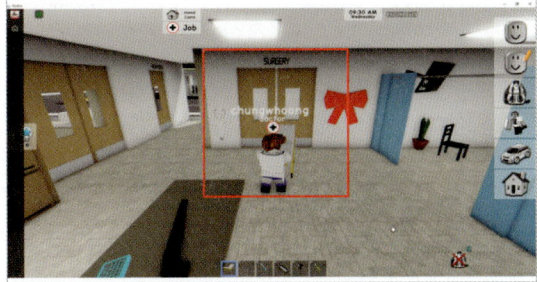

⑪ 환자를 수술대에 눕히고 진료를 시작합니다.

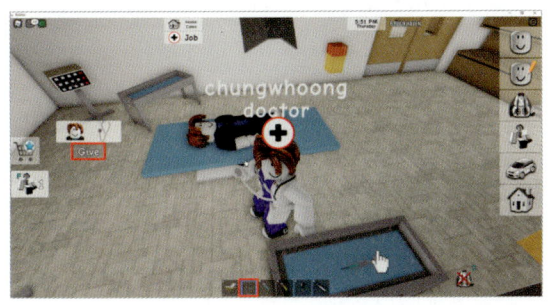

- 하단의 진료도구 중 하나를 선택합니다.
- 선택 후 'Give' 글자를 클릭하면 진료를 시작합니다.

⑫ 무사히 진료를 마쳤습니다. 환자를 입원실로 이송 후 귀가를 위해 'House' 아이콘을 클릭합니다.

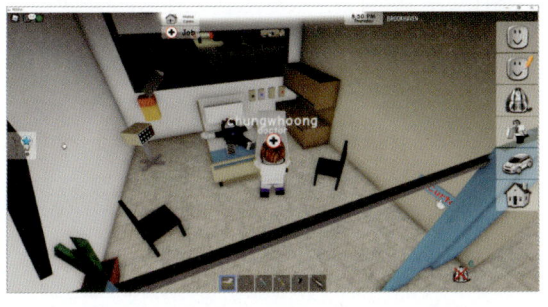 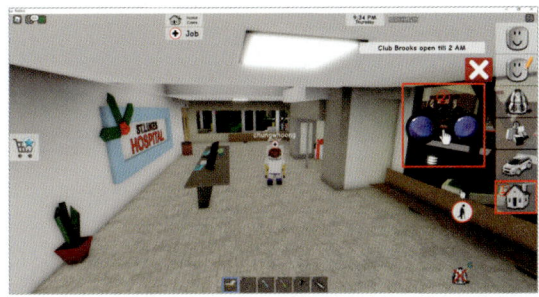

⑬ 첫 집을 장만하기 위해서 비어 있는 땅을 찾습니다.

- 왼쪽, 오른쪽 화살표 아이콘을 클릭하며 비어있는 (Vacant) 땅을 찾아야 합니다.
- 원하는 위치에 비어있는 땅이 있을 경우 화살표 위치를 클릭하여 땅을 선택합니다.

⑭ 원하는 땅을 찾으면 초록색 아이콘 클릭 후, 여러 종류의 주택 중 하나를 선택합니다.

⑮ 집이 완성되었습니다. 고된 하루를 마무리하고 집에서 편히 쉬세요.

02.02 헤어디자이너 체험하기

멋진 헤어스타일로 우리들의 용모를 더욱 빛나게 해주는 헤어디자이너, 앞으로는 각각의 개성을 더욱 강조하는 시대로 변함에 따라 헤어디자이너의 역할도 더욱 중요해질 것입니다. 이번에는 헤어디자이너가 되어 손님들의 머리를 멋지게 변신시켜 보겠습니다.

① 직업을 헤어디자이너로 변경합니다.

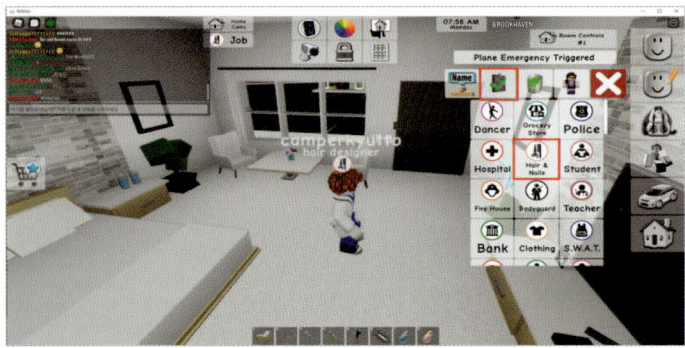

- 직업을 Hair & Nails로 바꿉니다.

152

METAVERSE

상상이 현실이 되는 곳

1. Avatar 아이콘을 클릭합니다.
2. Name 아이콘을 클릭합니다.
3. Info/Bio에 'hair designer'로 프로필을 변경합니다.

② 차량을 선택 후 헤어샵으로 이동합니다.

③ 손님에게 머리 손질 및 머리 염색을 할 수 있습니다. (손님역할을 할 친구가 필요합니다.)

④ 머리 손질 후 머리 감겨주기를 마친 후, 계산을 하고 직업체험을 마칩니다.

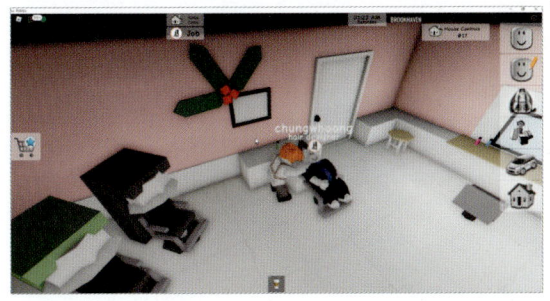 

실감나는 로블록스 진로체험! 153

02.03 교사 체험하기

수업지도, 학급운영, 생활지도 등을 담당하는 교사는 교육을 통해 학생들이 더 나은 삶을 살 수 있도록 도와주고 있습니다. 그럼 지금부터 일일교사가 되어 학생들을 지도하는 체험을 해 보도록 하겠습니다.

① 직업을 교사로 변경하겠습니다. 학교를 방문합니다.

- Name 메뉴에서 RP Name을 자유롭게 작성하고, Infor/Bio에 Teacher라고 적습니다.

② 메타버스에 2명 이상의 친구가 접속했다면, 한 명은 교사, 다른 한 명은 학생 역할을 선택합니다.

③ 학교 안에서는 개인 사물함을 사용할 수 있습니다. 음악수업으로 피아노와 기타를 사용할 수 있습니다. (직접 연주가 아닌 기본내장된 곡이 재생되는 형식입니다.)

④ 교실에서는 TV모니터에 학습목표를, 칠판에 오늘 배울 내용을 입력할 수 있습니다.

- 교사, 학생 역할을 정하여 교실에서 가상수업을 진행해 봅시다.
- 학생들은 자신이 배운 과목 중 하나를 정하여 학습목표와 학습내용을 정리한 후 가상의 교실에서 수업을 진행할 수 있습니다.

03 'Livetopia' 속 직업을 체험하자!

로블록스 메타버스 'Livetopia'는 기존에 소개한 직업체험게임과는 다르게 한글화로 지원된다는 점에서 저학년 학생들도 쉽게 접근할 수 있다는 매력이 있습니다. 다양한 대중교통을 이용하여 원하는 목적지로 찾아갈 수 있으며 자동차 뿐만 아니라 비행기, 수상수쿠터 등 하늘과 바다에서 이동할 수 있는 이동 수단을 선택할 수 있다는 점에서도 매력적으로 다가갑니다. 그럼 지금부터 메타버스 속 다양한 직업 중 2가지를 선택하여 체험해 보도록 하겠습니다.

03.01 아쿠아 통역사 체험하기

해양동물에 대해 다양한 정보를 관람객에게 전달해주며 해양동물과 교감을 통해 훈련을 시키는 아쿠아 통역사는 동물을 좋아하는 학생들이 한 번 쯤 관심을 가져 볼 수 있는 직업이 될 것입니다. 일일 아쿠아 통역사가 되어 관람객이 해양동물과 교감할 수 있도록 해 주세요.

*출처(홈페이지에서 다운받기 바람)
:https://www.roblox.com/games/6737970321/Livetopia-Christmas#!/game-instances

실감나는 로블록스 진로체험! 155

① 다음 링크로 접속 후 플레이 버튼을 클릭합니다. 로블록스 홈페이지에서 'Livetopia'를 검색 후 플레이하셔도 됩니다.

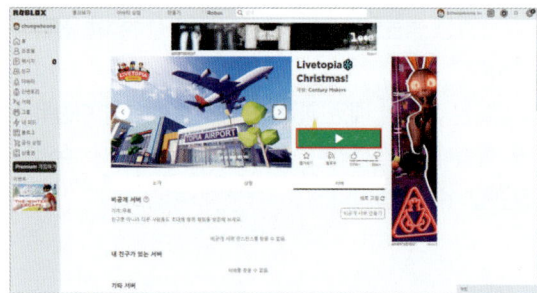

- 주소링크:
https://www.roblox.com/games/6737970321/Livetopia-Christmas#!/game-instances

② 아쿠아리움까지 이동할 차량이 필요합니다. '자동차' 아이콘 클릭 후 원하는 차량을 선택합니다.

③ 네비게이션을 켜겠습니다. 우측 상단 지도 아이콘 클릭 후 아쿠아리움을 선택합니다.

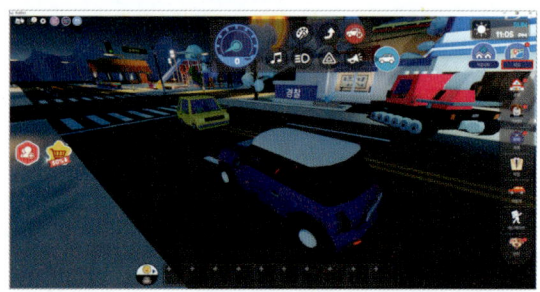 

④ 친절하게 화살표가 위치를 안내합니다. 무사히 아쿠아리움 주차장까지 도착했습니다.

⑤ 아쿠아리움에 입장 후 직업 아이콘을 클릭하여 '아쿠아 통역사' 직업을 선택합니다.

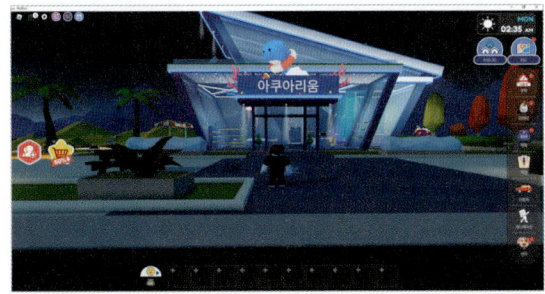 

⑥ 우측 '아바타' 아이콘 클릭 후 원하는 복장으로 선택합니다.

⑦ 아쿠아리움을 찾은 손님에게 채팅창을 이용하여 여러 바다생물에 대해 소개합니다.

- 좌측 상단의 채팅 아이콘을 클릭합니다.
- 미리 조사한 바다생물에 대한 내용을 채팅창에 입력합니다.

⑧ 이제는 직접 물속에서 움직이는 동물들을 만지며 체험하기 위해 지하 3층으로 이동합니다.

⑨ 우측에 있는 사다리를 통해 올라간 후 물에 들어가기 전 '목록' 아이콘을 선택합니다.

⑩ 잠수하기 전 필요한 수중 호흡기를 선택합니다.

1. 직업 아이콘을 클릭합니다.
2. 수중호흡기를 선택합니다.
3. 중앙 하단에 수중 호흡기가 생성된 것을 볼 수 있습니다. 직접 마우스로 클릭하거나 단축기 '1'번으로 선택해도 됩니다.

⑪ 이제 방문객과 함께 수중에서 다양한 바다생물에 대한 가이드를 진행하세요.

03.02 파일럿 체험하기

세계 여러 나라로 승객이나 화물을 비행기를 통해 운반하는 파일럿은 기상이변 등 갑작스러운 상황 변화에 대한 정확한 판단력과 대처능력 및 공간지각력이 우수해야 합니다. 파일럿 아카데미에서 운전방법을 배워 훌륭한 파일럿이 되어보도록 하겠습니다.

158

① 지도 아이콘 클릭 후 공항을 검색하여 파일럿 아카데미까지 운전합니다.

 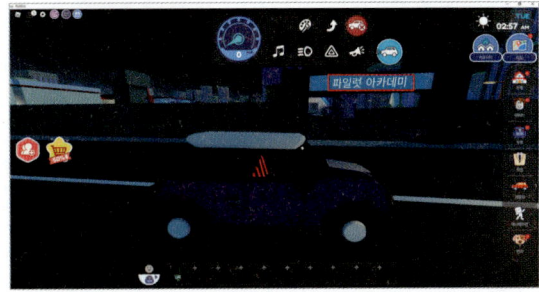

② 복장을 파일럿에 맞게 교체합니다. 이제 경비행기에 탑승합니다.

③ 앞으로 가는 방향키인 'w' 키와 '우주' 아이콘을 동시에 누르면 하늘로 이륙합니다.

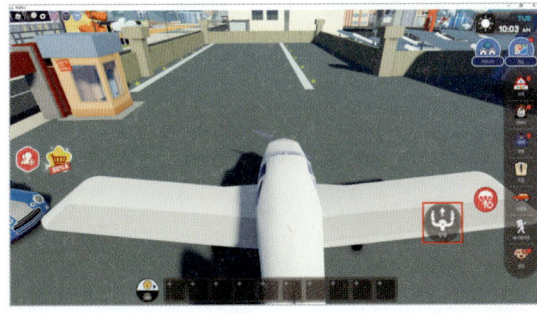

- '우주'아이콘을 계속 누르고 있으면 비행기가 계속 상승합니다.
- 'w'키를 누르지 않고 있으며 모터가 정지되고 바로 지상으로 하강합니다.

④ 마을 주변을 한 바퀴 순항한 후 다시 원래 위치로 돌아와 착륙합니다.

CHAPTER 10

로블록스 스튜디오 활용하기

04. 공동작업환경구성으로 함께 플랫폼을 제작하자!
05. 로블록스로 직업박람회를 개최하자!
06. 로블록스 활용 진로교육! 초중등 수업, 이렇게 해 보세요!

04 공동작업환경구성으로 함께 플랫폼을 제작하자!

로블록스 스튜디오는 메타버스를 체험하는 것뿐만 아니라 우리가 직접 창조할 수 있도록 도와주는 개발용 프로그램입니다. 로블록스 스튜디오에서는 3D모델링과 코딩을 통해 다양한 게임 및 체험 프로그램들을 개발할 수 있습니다. 또한 로블록스 스튜디오만의 장점은 바로 친구들과 함께 공동작업이 가능하다는 것입니다. 디자인 분야, 코딩 분야, 스토리라인 분야 등 각자의 관심분야에 적합한 역할을 분담하여 작업할 수 있다는 점은 분명 로블록스 스튜디오의 강점 중 하나입니다. 그럼 공동작업을 위한 환경은 어떻게 구현하는지 알아보도록 하겠습니다.

*출처(홈페이지에서 다운받기 바람)
: https://www.roblox.com/Create

04.01 친구등록하기

로블록스만의 장점은 세계 여러나라의 사람들과 친구를 맺을 수 있다는 점입니다. 로블록스 스튜디오에서의 협업을 위해 필요한 첫 단계, '친구등록하기'에 대하여 알아보도록 하겠습니다.

① 로블록스 홈페이지에 접속 후 왼쪽의 친구 메뉴를 클릭합니다.

- 공식 홈페이지 https://www.roblox.com/home

② 중앙 상단의 검색창에서 등록하고자 하는 친구의 아이디로 검색 후 '친구 추가' 버튼을 클릭합니다.

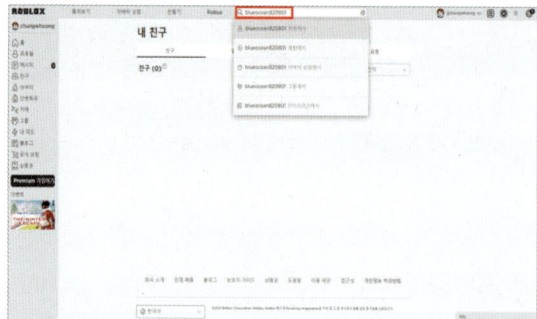 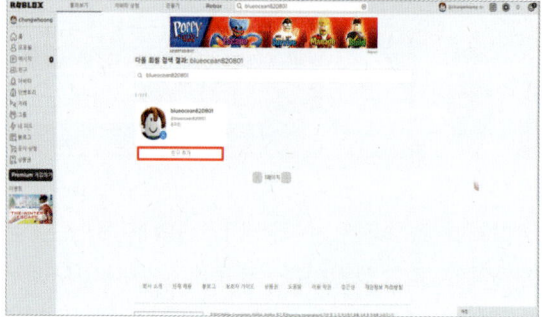

③ 초대를 받은 친구에게는 메시지가 도착해 있습니다. 메시지를 클릭 후 '수락' 버튼을 누릅니다.

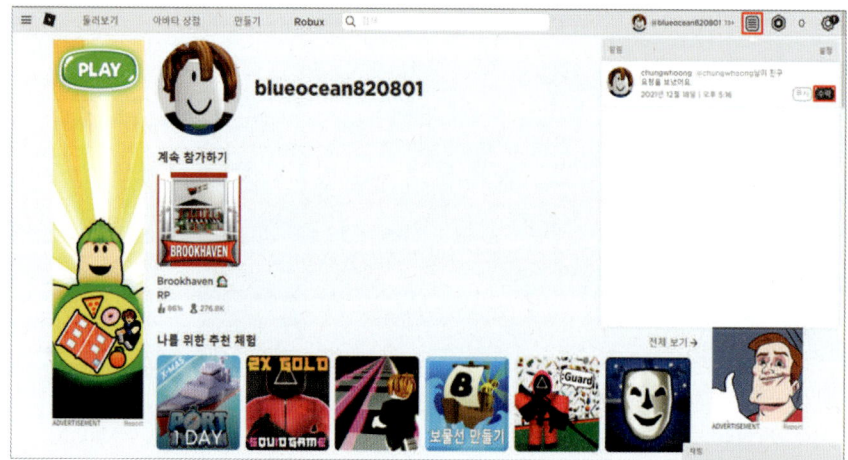

④ 이제 서로 간 친구등록이 완료되었습니다. '채팅' 버튼을 클릭 후 채팅을 할 수 있습니다.

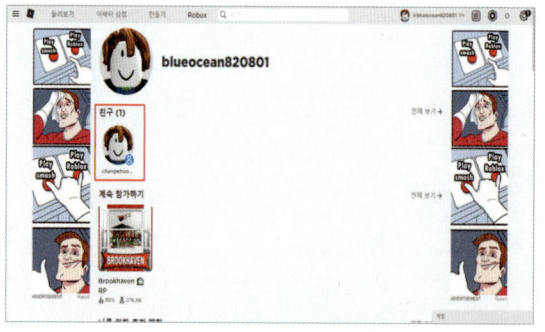 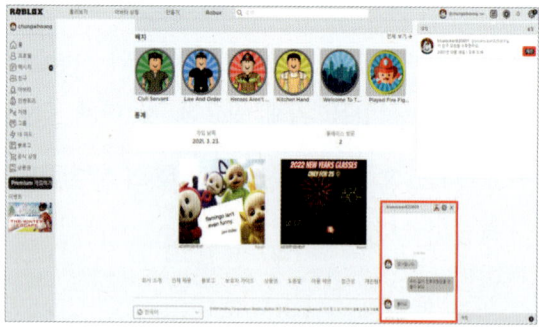

04.02 로블록스 스튜디오에서 공동편집자 등록하기

로블록스 스튜디오는 다른 메타버스 플랫폼과 마찬가지로 친구를 공동편집자로 등록한 후 공동 작업장에서 협력하여 메타버스 세상을 만들 수 있습니다. 그 과정을 차근차근 알아보겠습니다.

① 로블록스 스튜디오에 접속해서 본격적인 공동작업을 하도록 하겠습니다.

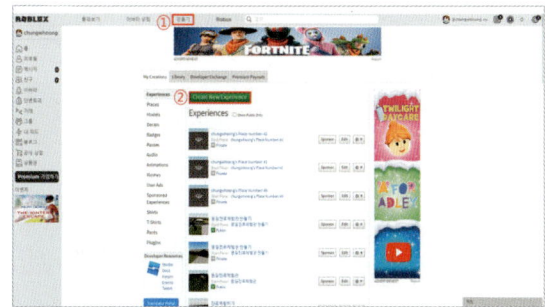

1. '만들기' 탭을 클릭합니다.
2. 'Create New Experience'를 클릭합니다.

② '만들기 시작'을 클릭합니다.

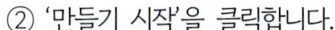

- 만들기 시작을 클릭합니다.
- 스튜디오 프로그램이 설치가 되어 있지 않으면, 오류가 뜨고, 설치 하라고 메시지가 나옵니다. 설치를 합니다.
- 설치를 하고 나서 다시 만들기 시작을 클릭하면 스튜디오가 로그인이 된 상태로 열립니다.

③ '새로 만들기'에서 원하는 템플릿을 선택합니다. 여기서는 'Flat Terrain'을 선택하였습니다.

④ 로블록스 스튜디오 작업환경이 열립니다. 애셋 관리자의 '저장' 버튼을 누릅니다.

실감나는 로블록스 진로체험!

⑤ 기본 정보를 다음 예시를 참고하여 입력한 후 저장합니다.

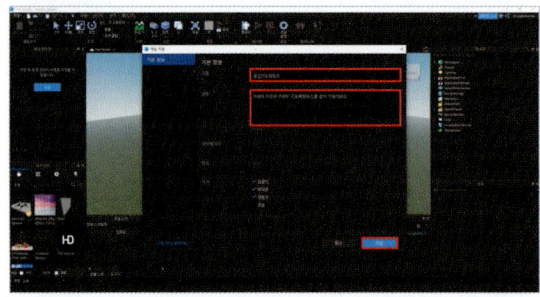

- 이름: 꿈길진로체험관
- 설명: 미래의 진로와 관련된 진로체험 부스를 같이 만들거에요

⑥ '닫기' 버튼을 클릭합니다.

⑦ '보기' 탭에서 '팀 제작' 버튼을 클릭합니다.

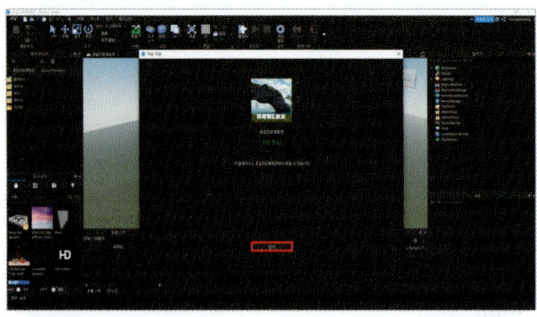 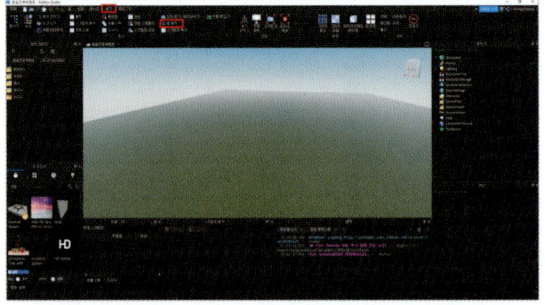

⑧ '팀 제작' 창이 새로 생성됩니다. 파란색 '켜키' 버튼을 클릭하여 팀 제작 환경을 구성합니다.

- 팀 제작 켜기를 누르면 맵을 다시 불러오게 됩니다.

⑨ 새로 생성된 파란색 링크 '홈>게임설정>권한'을 클릭합니다.

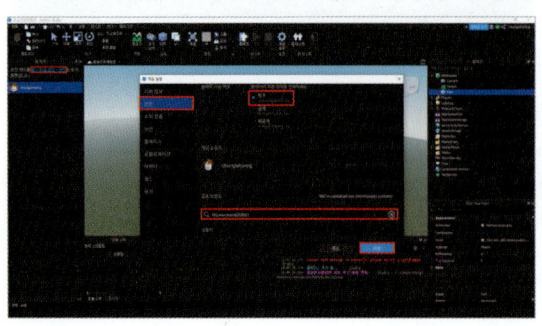

- 게임 설정 창의 '권한' 탭에서 플레이어 허용 범위를 우선 정합니다. 원하는 친구들과만 함께 하고 싶을 경우 '친구'를 선택하여 허용범위를 제한합니다.
- 공동 작업자는 같이 작업하고자 하는 친구의 아이디를 입력하여 검색합니다.

⑩ 스크롤을 아래로 내리면 해당 아이디로 검색된 친구가 사용자로 등록됩니다.

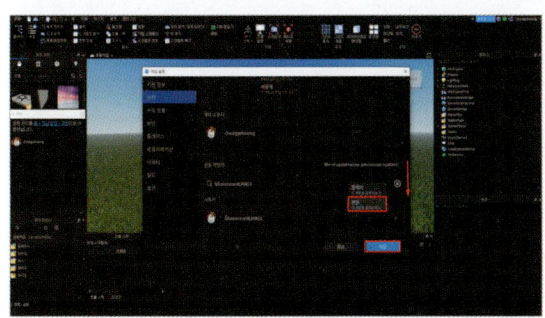

- 사용자의 권한을 '편집'으로 변경해야 같은 공간에서 서로 공동작업을 할 수 있습니다. 따라서 '플레이'가 아닌 '편집'으로 사용자의 권한을 변경한 후 저장합니다.

⑪ '옵션' 탭에서 '공동 편집 활성화'를 활성화 시킨 후 저장합니다.

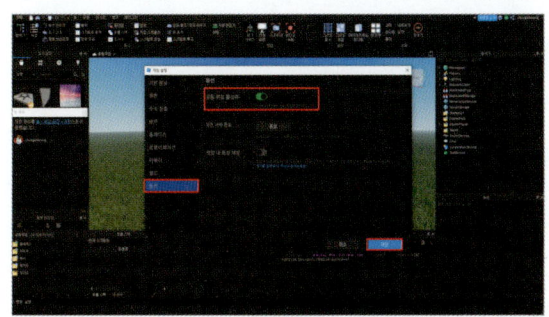

- 공동 편집이 활성화될 경우, 공동편집자들은 프로그래밍 언어 Lua를 이용하여 코딩한 스크립트를 서로 공유하고 편집할 수 있습니다.

⑫ 공동작업에 초대를 받은 상대방은 로블록스 스튜디오에 접속해 '나와 공유된 게임' 탭을 클릭하여 공유된 게임제작환경으로 접속할 수 있습니다.

⑬ 채팅창을 통해 실시간으로 어떤 작업을 할지 서로의 의견을 공유할 수 있습니다.

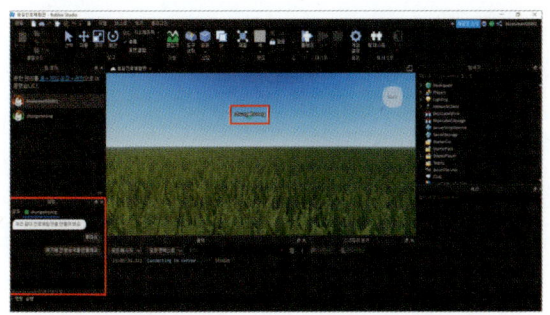

- 초대한 친구의 아이디가 화면에 표시되는 것을 볼 수 있습니다. 이는 지금 그 위치에서 해당 친구가 작업을 하고 있다는 것을 알려줍니다.

05 로블록스로 직업박람회를 개최하자!

로블록스를 이용하여 메타버스 속 여러 직업을 체험해 보았는데요. 이번에는 우리가 직접 로블록스 스튜디오를 이용하여 직업박람회를 개최하고자 합니다. 로블록스 스튜디오의 'Surburban' 테마환경 내에서 모델링 된 건물을 불러오고 직업 관련 NPC을 배치하여 진로교육을 체험하는 방법에 대하여 알아보도록 하겠습니다.

05.01 방송국 & PD NPC 제작하기

이번에는 '방송국'과 'PD NPC'를 제작해 보도록 하겠습니다. 로블록스 스튜디오의 경우 방송국과 PD를 따로 힘들게 모델링 할 필요 없이 다양한 유저들이 공유한 관련 3D모델을 불러와 사용할 수 있는 장점이 있습니다. 학생들은 PD라는 직업에 대한 사전조사를 거쳐 직접 방송국 관련 직업박람회를 제작할 수 있습니다.

① 로블록스 스튜디오 접속 후 '새로 만들기'에서 'Surburban'을 선택합니다.

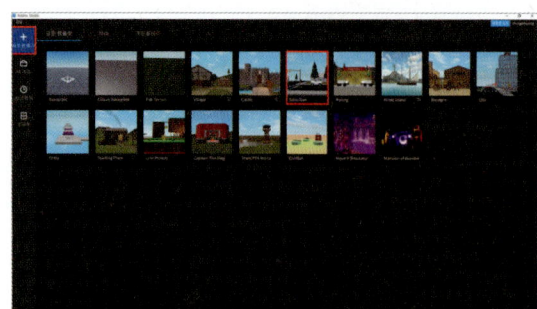

- 'Surburban' 이외에 자신이 원하는 테마환경을 선택하여 작업하여도 무관합니다.

② '파트'에서 '블록'을 선택 후 원하는 장소에 크기를 변경하여 화면과 같이 배치합니다.

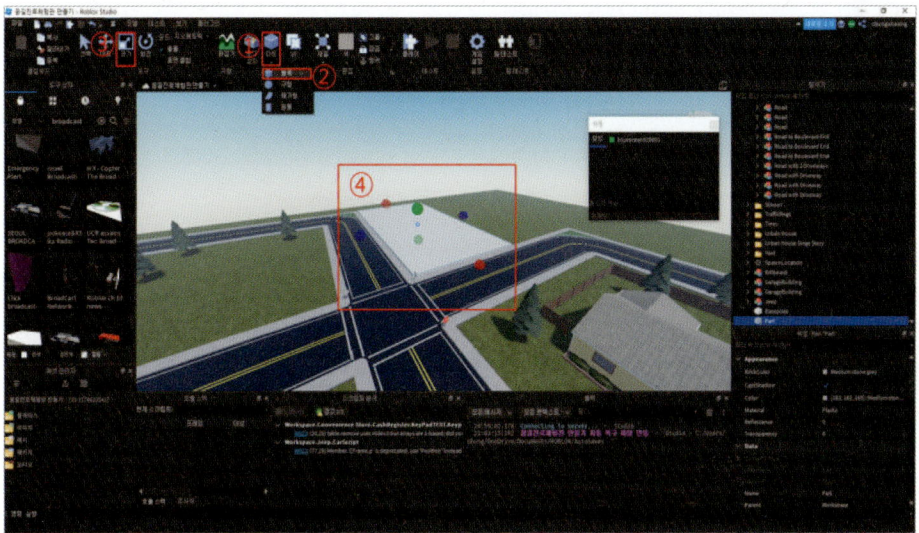

- 화면이동은 'A,S,D,W' 또는 방향키로 이동합니다.
- 마우스 가운데 휠로 확대 및 축소 가능합니다.
- 마우스 가운데 휠을 누른 상태에서 화면 위, 아래 이동이 가능합니다.
- 블록을 선택 후 다음의 단축키를 이용하면 쉽게 모델링을 할 수 있습니다.
  Ctrl+1: 선택   Ctrl+2: 이동
  Ctrl+3: 크기변경 Ctrl+4: 회전

③ 다음과 같이 방송국을 배치합니다.

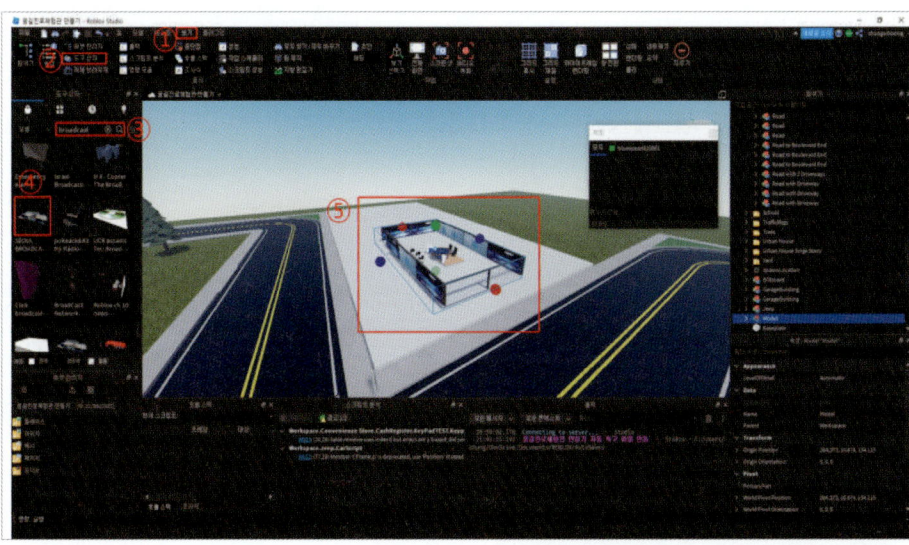

1. '보기' 탭을 선택합니다.
2. '도구상자'를 클릭하면 왼쪽에 '도구상자' 창이 활성화됩니다.
3. 모델에서 'broadcast(방송국)'으로 검색을 합니다.
4. 자신이 원하는 방송국모델링파일을 선택합니다.
   (여기에서는 예를 들어 SEOUL BROADCASTING SYSTEM NEWS SEC을 선택해 보겠습니다.)
   기존에 만든 블록 위에 배치합니다.

④ 방송국의 크기를 조절합니다.

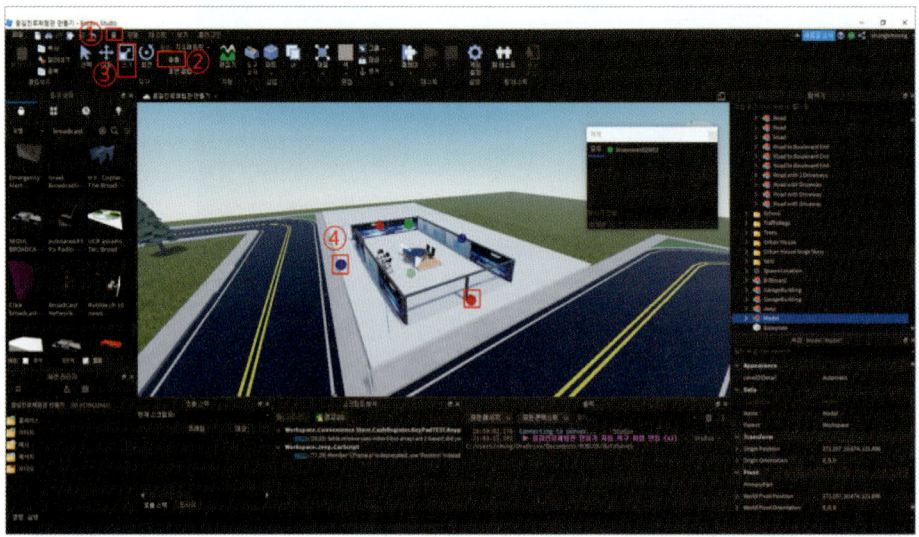

1. '홈'탭을 클릭합니다.
2. 충돌의 체크를 해제하여 비활성화합니다.
   - 크기(Ctrl+3)를 클릭합니다.
   - 빨강, 파랑, 초록 원을 드래그하며 크기를 조절합니다.
   - 조절 완료 후에는 다시 충돌에 체크를 해서 활성화합니다.

⑤ 방송국 PD를 배치합니다.

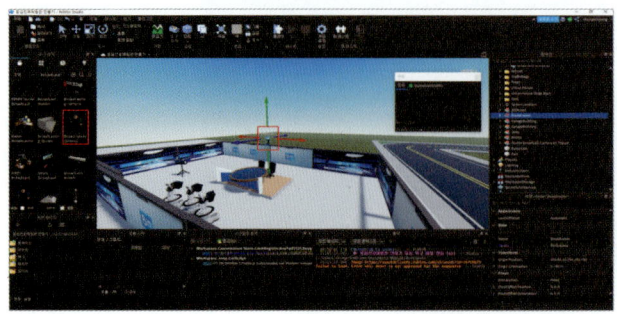

1. 모델에서 'broadcaster'로 검색한 후 원하는 모델링 파일을 선택합니다. 여기에서는 예를 들어 Broad
   -caster(Green)을 선택해 보겠습니다.
2. 알맞은 위치에 배치합니다.

⑥ 방송국 PD는 탐색기에서 'Broadcaster'로 등록되어 있습니다.

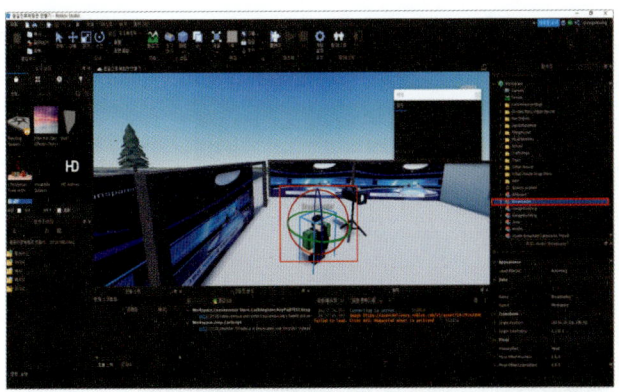

- 이 캐릭터는 방송국PD라는 직업에 대한 여러 정보를 알려주는 역할을 할 예정입니다. 이제 커리어넷에서 관련 정보를 찾아 NPC의 다이어로그 기능을 활용하여 입력하도록 하겠습니다.

⑦ 커리어넷 사이트에 접속 후 방송국 PD를 검색합니다.

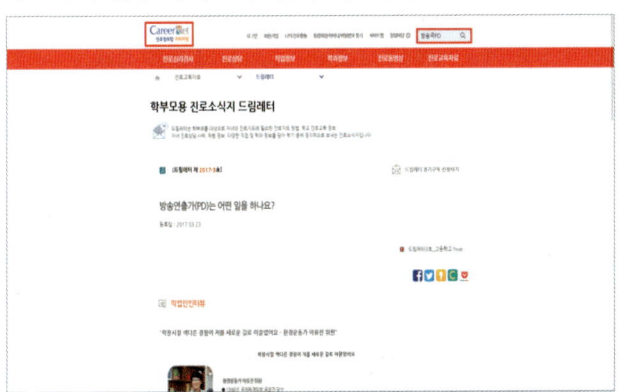

-커리어넷 사이트 주소
https://www.career.go.kr/cnet/front/main/main.do

⑧ NPC에게 입력할 정보를 찾아서 메모장에 요약하도록 합니다.

<예시>
-PD가 하는 일은 무엇인가요?
 프로듀서는 프로그램의 전반적인 기획과 예산 운영, 섭외 등을 맡는 일을 합니다.
-무엇을 전공해야 하나요? 어떻게 준비해야 하나요?
 대학에서 신문방송학과는 언론홍보, 방송영상 관련 학과를 전공하면 좋습니다.
-메인 PD가 되기까지 어떤 과정을 거치나요?
 오랫동안 조연출을 거친 후 자기 작품이라고 부를 수 있는 방송, 즉 첫 작품을 내보내는 말인 '입봉'을 거치면 메인PD가 됩니다.
-PD가 되기 위해 갖춰야 할 능력과 자질은 무엇인가요?
 PD는 프로그램을 기획하고 작가, 출연자, 카메라 및 조명 감독 등 각 분야의 전문가들과 협업하여 프로그램을 이끌기 때문에 리더십과 소통능력이 중요합니다. 또한 공감능력도 필요합니다.

실감나는 로블록스 진로체험!

⑨ 방송국 PD(Broadcaster)에게 'Dialog' 속성을 추가합니다.

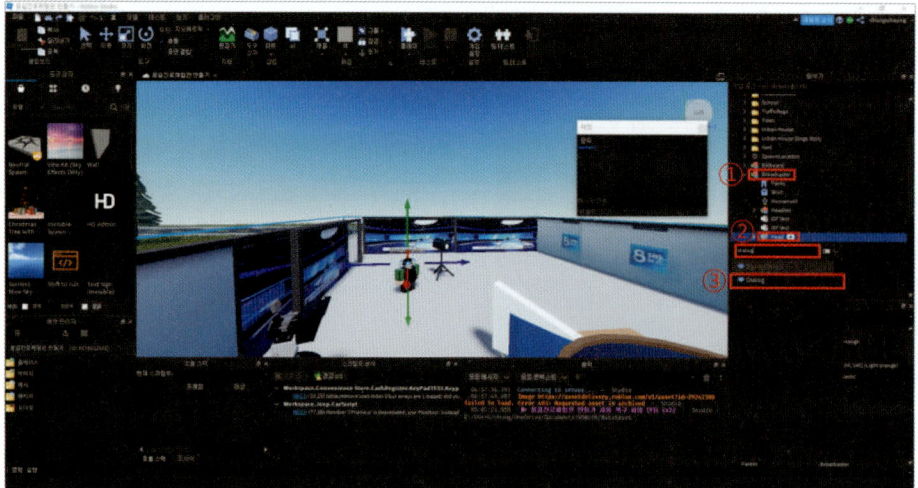

- 탐색기에서 'Broadcaster'을 선택 후 왼쪽의 '>' 아이콘을 클릭합니다.
- 하위 객체들이 나타납니다. 여기서 'Head'를 선택한 후 오른쪽의 '+' 표시를 클릭합니다.
- 'Dialog'를 찾아서 선택합니다.(검색창에서 'dialog'로 검색해도 됩니다.)

⑩ Dialog를 이용하여 방송국 PD가 사용자에게 전할 첫인사와 끝인사를 입력합니다.

- GoodbyeDialog에는 끝인사로 알맞은 멘트를 입력합니다.
<예시> "꼭 방송국PD가 되길 바라요! 그럼, 다음에 봐요."

- InitialPrompt에는 첫인사로 알맞은 멘트를 입력합니다.
<예시> "안녕하세요. 방송국에 오신걸 환영합니다. 방송국PD가 꿈인 친구인가요?"

⑪ 방송국 PD가 관련직업에 대한 정보를 안내할 수 있도록 'DialogChoice' 속성을 추가합니다.

- 'Dialog' 속성 우측의 '+'아이콘을 클릭 후 'DialogChoice'를 선택합니다.

⑫ 총 4가지의 직업관련 정보를 제공할 예정입니다. 'DialogChoice'를 3개 더 추가합니다.

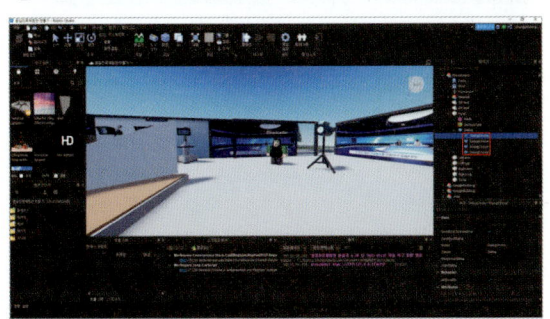

- 기존 DialogChoice'를 선택한 후 Ctrl+D(중복) 단축키로 복사를 하면 편리합니다.

⑬ 기존 메모장에 저장한 질문과 답변 형식의 직업 정보를 'DialogChoice'에 입력합니다.

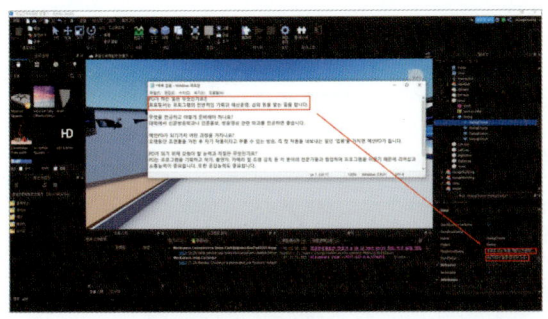

- UserDialog: 질문에 관련된 자료를 입력합니다. 여기서는 'PD가 하는 일은 무엇인가요?'를 입력합니다.
- ResponseDialog: 대답에 관련된 자료를 입력합니다. 여기서는 '프로듀서는 프로그램의 전반적인 기획과 예산운영, 섭외 등을 맡는 일을 합니다.'를 입력합니다.

⑭ 이제 플레이 버튼을 클릭하여 확인해 보겠습니다.

- 단축키(F5)로 시작해도 됩니다.

⑮ 완성된 모습입니다. 방송국 직업박람회에 참가한 학생들은 방송국 PD에게 여러 질문을 하며 필요한 정보를 얻을 수 있습니다.

05.02 법원 & 판사 NPC 제작하기

다음으로 '법원'과 '판사 NPC'를 제작해 보도록 하겠습니다. 이전 방송국 만들기와 마찬가지로 다양한 법원 및 판사 NPC는 도구상자에서 검색을 통해 쉽게 불러올 수 있습니다. 법원 건축물을 불러오고 어두운 실내를 조명으로 밝게 한 후 판사 NPC에서 판사와 관련된 정보를 안내할 수 있도록 하겠습니다.

① 맵에서 빈 공간을 찾은 후 도구상자의 모델에서 'Court Room'를 검색합니다.

- 기존 방송국을 제작할 때와 마찬가지로 법원 아래쪽을 블록을 이용하여 터를 만들도록 합니다.

② 이제 판사를 불러오도록 하겠습니다. 모델에서 원하는 판사NPC를 검색하여 건물 안의 원하는 위치에 배치합니다.

1. 모델에서 'Court Judge'를 검색합니다.
2. 원하는 NPC를 선택한 후 원하는 위치에 드래그하여 배치합니다.
3. 이동(Ctrl+2)를 이용하여 위치를 조정합니다.
4. 이때 충돌을 체크해제하고 위치를 조정하면 좀 더 쉽게 조절할 수 있습니다. 조정 후에는 다시 충돌에 체크 하도록 합니다.

③ 건물 안이 어둡습니다. 전등을 만들도록 합니다.

1. '파트'아이콘 클릭합니다.
2. '구형' 모델을 선택합니다.
3. 법원 천정의 원하는 위치로 드래그합니다. 이때 충돌에는 체크를 해제합니다.

④ 탐색기에서 방금 불러온 구형모델을 선택 후 'PointLight' 속성을 추가합니다.

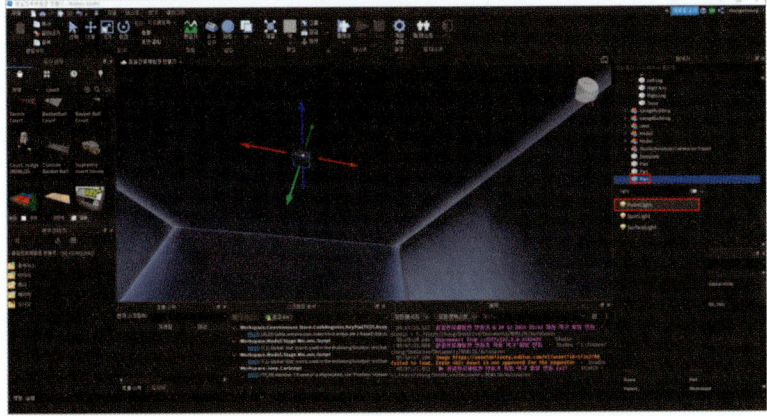

⑤ 'PointLight'의 속성탭에서 Range를 최대값인 60으로 수정합니다.

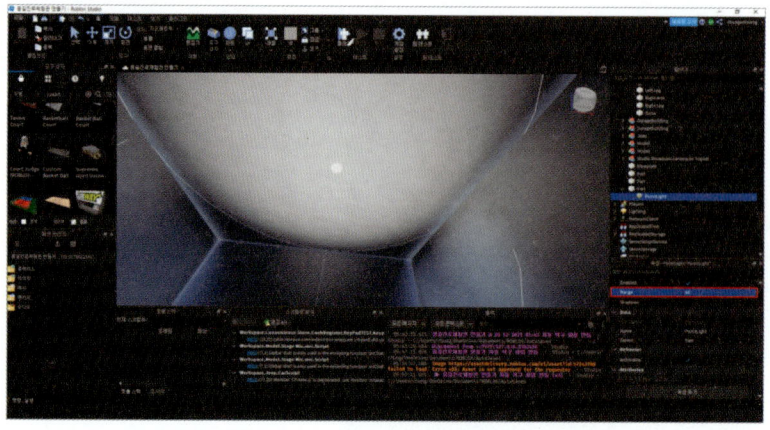

- 구형모델에 'PointLight'를 한 개 더 추가한 후 앞의 Point-Light와 마찬가지로 Range를 60으로 변경하면 더욱 실내가 밝아지는 것을 볼 수 있습니다.

⑥ 구형모델(Part)를 선택 후 앵커를 활성화합니다.

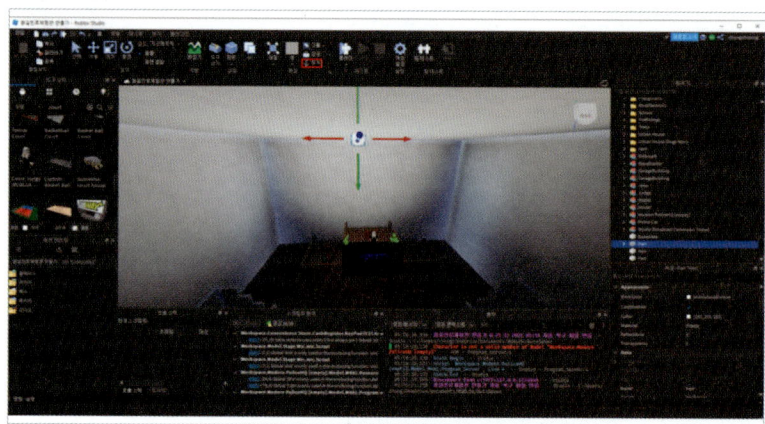

- 앵커가 비활성화 될 경우 게임 시작과 동시에 구형모델이 중력의 영향으로 아래로 떨어집니다.

⑦ 커리어넷에서 판사에 관련된 정보를 찾아서 Q&A 방식으로 정리 후 메모장에 입력합니다.

<예시>
-판사가 하는 일은 무엇인가요?
재판을 진행하며 법률에 근거하여 판결을 내립니다. 재판이 진행될 때는 변호사와 검사의 논쟁을 경청하고, 증인의 진술과 법정에 제출된 증거를 검토하고 추론합니다.
-필요한 적성은 무엇일까요?
주어진 상황을 논리적으로 분석하여 합리적인 결론을 도출할 수 있는 능력이 필요합니다.
-준비과정은 어떻게 되나요?
법학전문대학원에서 3년 동안 교육과 실습을 받은 뒤 변호사시험에 합격해야 합니다.

⑧ 판사를 선택 후 방송국PD에게 정보를 입력할 때와 같은 방식으로 메모장의 자료를 입력합니다.

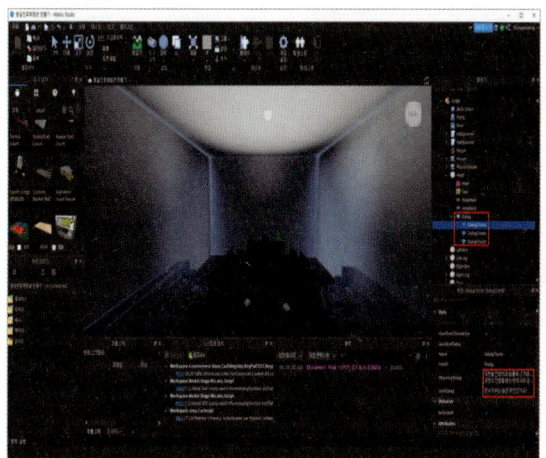

- 판사를 선택했어도 탐색기에 아무런 이름이 입력되지 않았을 경우에, 오른쪽 마우스버튼 클릭 후 이름 변경 메뉴를 선택해서 Court Judge라고 입력합니다.
- 판사 캐릭터를 선택 후 왼쪽의 '>' 아이콘을 클릭합니다.
- 하위 객체들이 나타납니다. 여기서 'Head'를 선택한 후 오른쪽의 '+' 표시를 클릭합니다.
- 'Dialog'를 찾아서 선택합니다.
  (검색창에서 'dialog'로 검색해도 됩니다.)
- GoodbyeDialog에 끝인사, InitialPrompt에 첫인사를 입력합니다.
- 'Dialog' 속성 우측의 '+'아이콘을 클릭 후 'DialogChoice'를 선택해서 질문 개수에 따라 만듭니다.
- UserDialog(질문)과 ResponseDialog(대답)을 입력합니다.

⑨ 이제 '플레이버튼'을 클릭하여 테스트 해 보겠습니다.

- 단축키(F5)로 시작해도 됩니다.

⑩ 완성된 판사NPC와의 대화로 판사라는 직업에 대해 필요한 정보를 얻어보세요.

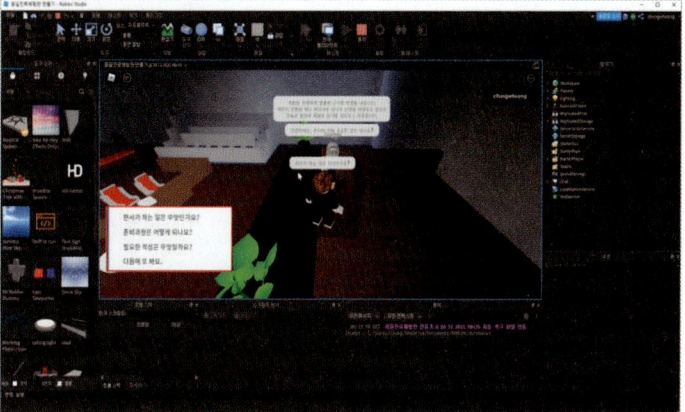

실감나는 로블록스 진로체험! 175

06 로블록스 활용 진로교육! 초·중등 수업, 이렇게 해 보세요!

중등선생님: 선생님! 로블록스는 단순게임제작 플랫폼이라는 인식이 강한데...중고등교육과정에서 중요하게 인식되는 진로교육에 로블록스를 활용할 수 있는 방안에는 무엇이 있을까요?

초등학생뿐만 아니라, 중학생이나 고등학생도 로블록스 스튜디오를 진로수업에 유의미하게 활용할 수 있습니다. 초 중등 학교급별로 간단한 사례를 소개하겠습니다.

06.01. 로블록스 연계 초등 진로수업 아이디어
"미래의 3D 모델링 전문가를 꿈꿔요"

로블록스 스튜디오 프로그램 내에는 기본 파트인 '블록', '구형', '쐐기형', '원통' 등을 이용하여 다양한 입체물을 제작할 수 있도록 지원하고 있습니다. 이를 이용하여 입체미술분야(디자인, 건축, 애니메이션 등)에 관심이 많은 학생들은 자신만의 작품을 제작하고 전시할 수 있습니다.

기존에 학교현장에서 종이, 찰흙으로 구현하였던 입체물을 이제는 가상의 메타버스 속에서 모델링 과정을 통해 구현 가능합니다. 건축물을 제작 후 친구들을 초대하고 건축물 안을 친구들과 돌아다니면서 자신이 제작한 작품을 친구들과 함께 감상할 수도 있을 것입니다.

- 조소작품은 로블록스 스튜디오의 다양한 파트 등을 이용하여 구현할 수 있습니다.
- 회화작품의 경우 인공지능을 이용하여 사진합성이 가능한 'Deep Dream Generator'를 이용하여 만들 수 있습니다.

06.02. 로블록스 연계 중등 진로수업 아이디어
"전시회 큐레이터에 도전해요"

그렇다면, 중등에서는 어떻게 활용할 수 있을까요?
중등교육에서는 다양한 체험활동을 중심으로 교육과정이 운영되는 자유학기제와 연계해서 지도할 수 있습니다. 로블록스는 특히 예술활동, 진로탐색 활동 등 여러 주제에서 다양하게 활용될 수 있습니다.

예를 들어, 로블록스 메타버스 세상 속에서 예술과 연관된 직업인 '전시회 큐레이터'가 되어 보는 것은 어떨까요? 친구들과 함께 세계 여러 명화 이미지를 다운받고 이를 로블록스 스튜디오 속 가상의 미술관에 전시합니다. 그 후 각각의 작품에 대한 배경지식을 학습한 후 친구들을 초대하여 각각의 작품에 대한 설명을 실제 큐레이터처럼 설명한다면 예술에 대한 배경지식을 습득할 뿐만 아니라 큐레이터라는 직업에 대해서도 알 수 있을 것입니다.

이렇게 로블록스를 이용한 진로수업은 그 활용성이 무궁무진합니다. 학생들과 함께 로블록스 스튜디오를 활용한 진로수업에 도전해 보시길 바랍니다.

현장감
넘치는 로블록스
안전체험!

CHAPTER 11

로블록스 활용 안전 교육하기

1. 자전거 안전체험 메타버스 '따릉이'을 알아보자!
2. '따릉이' 자전거 실기시험을 체험하자!

01 자전거 안전체험 메타버스 '따릉이'을 알아보자!

안전교육 하면 떠오르는 것 중 하나가 바로 '자전거 안전교육'입니다. 최근 자전거 이용자가 증가하면서 그와 더불어 자전거 안전사고 또한 급격히 증가하는 추세인데요. 이런 안전사고를 예방하기 위해 서울특별시에서 초·중등학생들에게 친숙한 로블록스를 활용하여 '따릉이'라는 메타버스를 제작하였습니다. 자전거의 역사 등 자전거에 관련된 다양한 지식을 알 수 있는 홍보관을 비롯하여 자전거 안전에 대한 기본지식을 배우고 테스트받을 수 있는 안전교육장, 거기에 직접 기능시험과 주행시험을 체험할 수 있는 실기시험장까지... '따릉이' 메타버스 세상 속에는 실제 우리가 받을 수 있는 '자전거 안전교육'의 모든 것들이 들어 있습니다. 그럼 지금부터 '따릉이'에 대해 하나하나씩 알아보도록 하겠습니다.

*출처: https://www.roblox.com/games/7594841232/unnamed

01.01 홍보관 둘러보기

'따릉이'는 서울시에서 운영하는 공유자전거 서비스입니다. '따릉이' 홍보 및 자전거 안전교육을 위해 제작한 로블록스 '따릉이' 메타버스 서비스를 통해 학생들은 자전거 안전교육을 받고 자전거 운행 실습을 간접체험할 수 있습니다. 홍보관에서는 녹색환경을 위한 자전거타기의 효율성부터, 자전거 각 부품의 명칭 및 '따릉이'의 다양한 모델을 소개하고 있습니다. 이제 직접 홍보관을 둘러보며 어떤 홍보물들이 있는지 알아보도록 하겠습니다.

① 다음 링크로 접속 후 플레이 버튼을 클릭합니다. 로블록스 홈페이지에서 '따릉이'를 검색 후 플레이를 해도 됩니다.

-주소링크:
https://www.roblox.com/games/7594841232/unnamed

② '따릉이' 메타버스 속으로 오신 걸 환영합니다.

- 시작지점을 기준으로 왼쪽에는 '홍보관'이 있습니다.
- 시작지점을 기준으로 오른쪽에는 '안전교육장'이 있습니다.

③ 우선 홍보관을 체험해 보도록 하겠습니다.

- 반짝이는 벽돌을 터치하면 이동속도가 빨라집니다. 노란색 원통 안으로 들어갑니다.

현장감 넘치는 로블록스 안전체험!

④ '따릉이 홍보관'으로 순간이동 하였습니다.

⑤ 체온 측정과 손 소독을 한 후 방문자 기록도 남겨야겠죠.

⑥ 홍보관 안 다양한 전시물들을 관람합니다.

⑦ 따릉이 모델의 종류를 알아봅니다.

01.02 안전교육장 둘러보기

안전교육장에서는 초등부, 중고등부, 성인부별로 수준에 맞는 안전교육을 받을 수 있습니다. 자전거 핸들잡는 방법, 횡단보도에서의 자전거 이동방법 등 자전거를 탈 때 꼭 알아두어야 할 중요한 정보들을 학습할 수 있습니다. 학습 후에는 안전퀴즈방에서 이제까지 배운 내용을 OX 방식의 퀴즈를 통해 복습할 수 있습니다. 그럼 지금부터 안전교육장을 둘러보도록 하겠습니다.

① 홍보관 입구에서 나오면 안전교육장으로 가는 텔레포트인 노란색 원통이 있습니다. 원통으로 접근합니다.

② 안전교육장으로 순간이동을 하였습니다.

③ '제1강의실'로 들어간 후 초등부 안전교육에 관한 강의자료를 시청합니다.

④ '제2강의실'로 들어간 후 중고등부 안전교육에 관한 강의자료를 시청합니다.

⑤ '제3강의실'로 들어간 후 성인부 안전교육에 관한 강의자료를 시청합니다.

⑥ 건물 가운데에 위치한 '안전퀴즈방'으로 들어갑니다.

⑦ 스크린의 '퀴즈 시작하기'를 클릭한 후 나오는 팝업창에서 '시작하기' 버튼을 클릭합니다.

 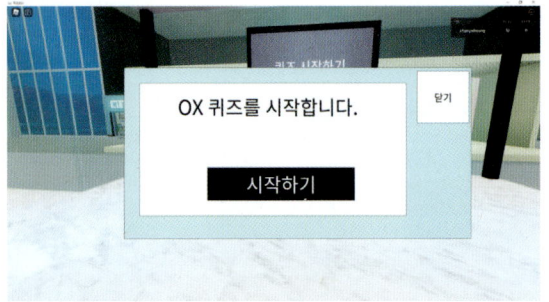

⑧ 다음과 같은 문제들이 OX방식으로 출제됩니다. 문제를 틀린 경우에는 다시 풀도록 합니다.

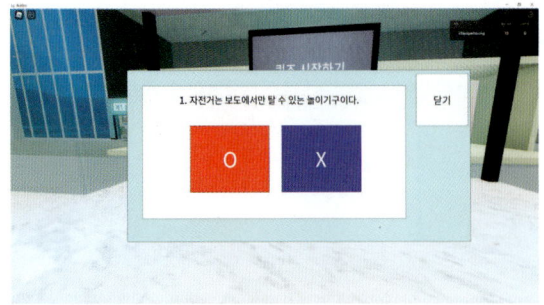 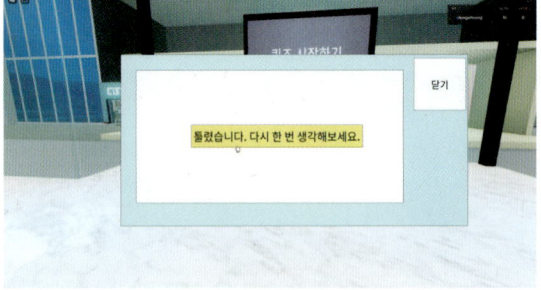

02 '따릉이' 자전거 실기시험을 체험하자!

실제 자전거 안전교육에서는 이론 수업 후에, 직접 자전거를 타며 이론에서 배운 내용을 실습합니다. 메타버스 세계 '따릉이'에서도 기능시험과 주행시험을 통해 이론 수업에서 배운 내용을 간접적으로 실습할 수 있습니다. 그럼 지금부터 '따릉이' 메타버스 속 기능시험과 주행시험을 차례대로 체험해 보도록 하겠습니다.

02.01 기능시험 체험하기

자전거 기능에 대한 이해는 더욱 안전한 자전거 운전을 도와줄 수 있습니다. 좌회전, 우회전 시 수신호 방법, 언덕길에서의 기어변속 방법 등을 숙지하고 기능시험을 보도록 하겠습니다.

① '안전교육장'에서 나와 좌측을 보면 멀리 '실기시험장'이 보입니다.

② '교통안전교육 인증제 실기 평가장'으로 입장합니다.

현장감 넘치는 로블록스 안전체험!

③ '자전거 주행시험을 시작하려면(클릭!)'을 누른 후 나오는 자전거 아이콘을 클릭합니다.

④ 기능시험용 자전거가 나타났습니다. 이제 기능시험을 치르도록 하겠습니다.

⑤ 좌회전 및 우회전을 할 때의 수신호 방법, 언덕길에서의 기어변속 방법 등을 익힙니다.

⑥ 기능시험 결과 40점을 획득하였습니다. 더 분발해야겠네요.

02.02 주행시험 체험하기

기능시험을 성공적으로 이수하였다면 다음에는 주행시험을 볼 수 있습니다. 실제 자전거도로에서 얼마나 자전거를 안전하게 운전할 수 있는지를 알아보기 위해 주행시험장에서는 직선코스 뿐만 아니라 곡선코스도 준비되어 있습니다. 운전자는 양쪽 경계에 부딪히지 않고 안전히 주행해야만 주행시험을 합격할 수 있습니다. 그럼 지금부터 주행시험에 응시하도록 하겠습니다.

① 주행시험장으로 들어갑니다.

② 방향키를 잘 이용하여 주행합니다. 벽에 부딪히지 않도록 조심하세요.

- 노란색 블록에 부딪힐 때마다 체력이 줄어듭니다. 그때는 도로 한 가운데에 있는 초록색십자가를 터치하세요. 체력이 다시 올라갑니다.

③ 실기시험도 무사히 합격하였습니다.

④ 이제 야외에서 마음껏 자전거를 타 보도록 합시다.

CHAPTER 12

로블록스 활용 화재대피훈련하기

3. 로블록스 스튜디오로 화재대피훈련 세트장을 만들자!
4. 가상 화재대피훈련을 실시하자!
5. 로블록스 활용 안전교육! 초·중등 수업, 이렇게 해 보세요!

03 로블록스 스튜디오로 화재대피훈련 세트장을 만들자!

매년 학교마다 의무적으로 시행하는 화재대피훈련은 학생들의 화재 사고 대처 능력을 높이기 위해서 실시합니다. 보통 학생들은 선생님들의 지시에 따라 수동적으로 훈련에 임하게 되는데요. 로블록스를 이용하여 가상공간에서 학생들이 스스로 화재대피훈련을 계획하고 시행해 보면 어떨까요? 이번 챕터에서는 화재대피상황을 만든 후 학생들이 제작한 시나리오대로 진행하는 화재대피훈련의 전 과정을 살펴보도록 하겠습니다.

03.01 학교 꾸미기

연극을 위해선 무대가 필요하듯 화재대피훈련에도 대피훈련을 위한 학교가 필요하겠죠? 3D 메타버스 세상인 로블록스에서는 3D모델링으로 제작된 학교가 필요합니다. 다행히 '로블록스 스튜디오'에서는 사용자가 직접 모델링을 할 수 있습니다. 또한 다른 사용자가 제작한 모델링 파일을 불러와 활용할 수도 있습

니다. 그럼 작업의 효율성을 높이기 위해 다른 사용자가 만든 학교 모델링 파일을 불러온 후 꾸미도록 하겠습니다.

① 로블록스 스튜디오 실행 후 원하는 템플릿을 선택합니다. 여기서는 'City'를 선택하였습니다.

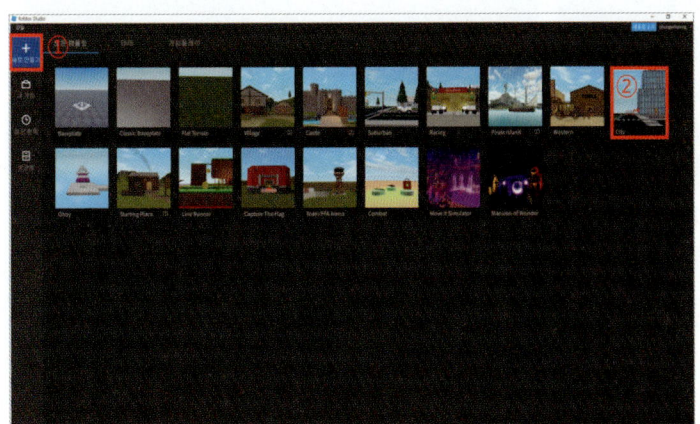

1. 새로 만들기 탭을 클릭합니다.
2. 오른쪽에 있는 'City' 템플릿을 선택합니다.

② 도구상자의 모델에서 'school'을 검색 후 원하는 모델을 선택합니다.

③ 선택한 학교를 알맞은 위치에 배치합니다.

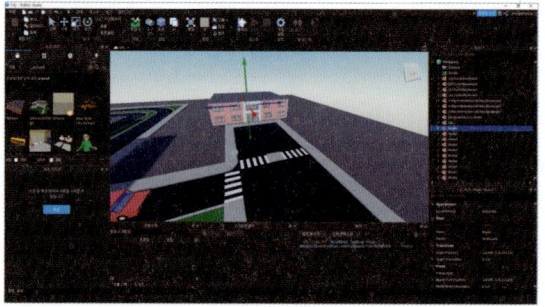

④ 학교 실내가 어둡습니다. 도구상자에서 모델명을 'lamp'로 검색 후 원하는 램프를 불러옵니다.

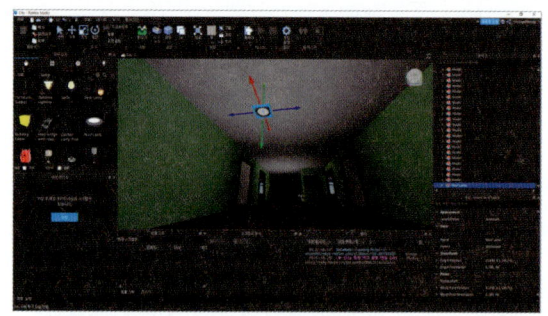

- 여기서는 'Roof Lamp'를 선택하였습니다. 램프를 천정의 알맞은 위치에 놓으면 주변이 환해지는 것을 볼 수 있습니다.

⑤ 다음으로 쓰레기통을 교실 곳곳에 배치하겠습니다.

⑥ 학교 밖에도 대형 쓰레기통을 배치합니다.

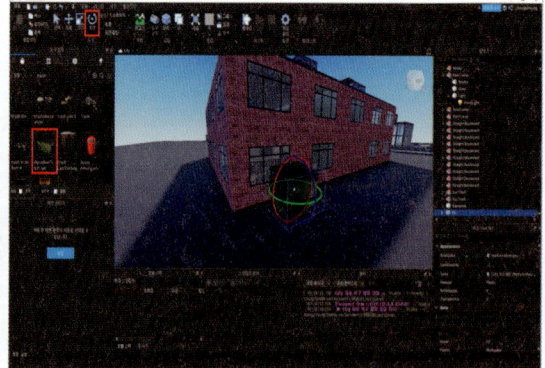

- 여기서는 'Sus Trash'를 선택하였습니다.
- 쓰레기통은 화재대피훈련에서 화재가 발생하는 지점으로 사용될 예정입니다.

- 여기서는 'Mycopka/Trash can'을 선택하였습니다.
- 회전키를 이용하여 쓰레기통을 알맞게 회전시킵니다.

⑦ 대형 쓰레기통을 선택한 상태에서 복제(Ctrl+D)로
여러 대를 복제 후 각각 알맞은 위치에 배치합니다.

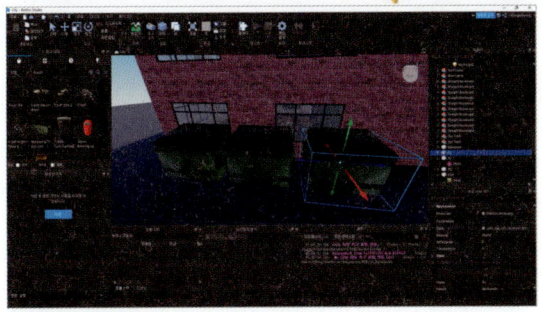

03.02 비상구 만들기 및 코딩하기

화재가 발생 시 가장 중요한 점은 바로 신속히 화재현장에서 대피하는 것입니다. 안전한 경로로 탈출할 수 있도록 안내하는 비상구의 역할은 그만큼 매우 중요합니다. 이런 이유로 비상구는 쉽게 찾을 수 있도록 항상 조명을 밝게 해주는데요. 이런 조명효과를 '로블록스 스튜디오'에서는 Lua 스크립트 언어를 통한 코딩으로 구현할 수 있습니다. 그럼 지금부터 비상구를 만들어 보도록 하겠습니다.

① 화재 대피 시 가장 중요한 역할을 하는 비상구 모델을 불러옵니다.

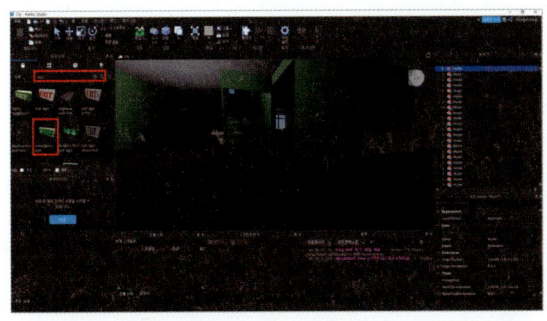

- 모델명을 'exit'로 검색하면 다양한 비상구가 나옵니다. 이 중에서 'emergency exit'를 선택합니다.

② 원하는 위치에 비상구를 배치합니다. 이때 대피 동선을 파악하면서 적절한 위치에 배치시킵니다.

- 배치 후에는 크기(Ctrl+3)를 적당하게 조절합니다.
- 항상 '앵커'가 활성화 되었는지 확인하도록 합니다. '앵커'가 비활성화 되어 있을 경우, 게임 시작과 동시에 중력의 영향으로 아래로 떨어집니다.

③ 비상구에 실제처럼 초록색 조명이 나오도록 'SpotLigth'를 추가합니다.

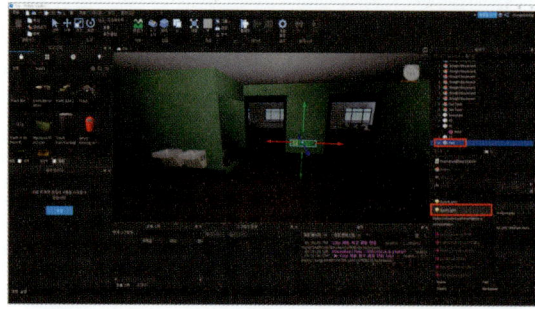

- 비상구(Part) 선택 후 우측 '+'버튼을 클릭합니다.
- 개체 중에서 'SpotLight'를 선택합니다.

④ 'SpotLight'의 Color를 설정합니다.

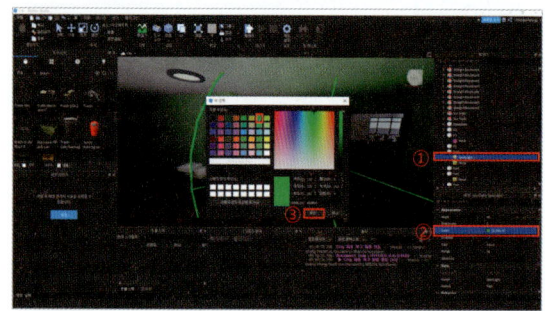

1. SpotLight을 클릭합니다.
2. Color 속성을 클릭합니다.
3. 초록색을 선택한 후 '확인'을 클릭합니다.

⑤ 코딩으로 비상구의 조명이 일정 간격으로 깜빡이도록 합니다.

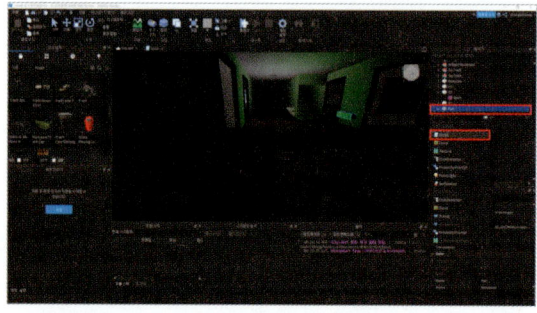

- 비상구(Part) 선택 후 우측 '+'버튼을 클릭합니다.
- 개체 중에서 'Script'를 선택합니다.

⑥ 비상구(Part)의 이름을 'EmergencyExit'로 변경합니다.

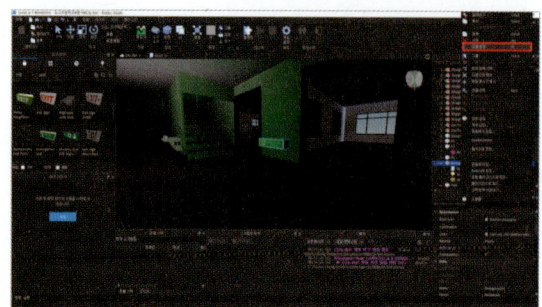

- Part 선택 후 우클릭하여 이름변경을 선택합니다.
  (단축키: F2)

⑦ 비상구의 이름이 이제 'Part'에서 'EmergencyExit'로 변경된 것을 볼 수 있습니다.

⑧ 'Script'를 더블클릭하면 다음과 같이 스크립트 편집화면이 나옵니다.

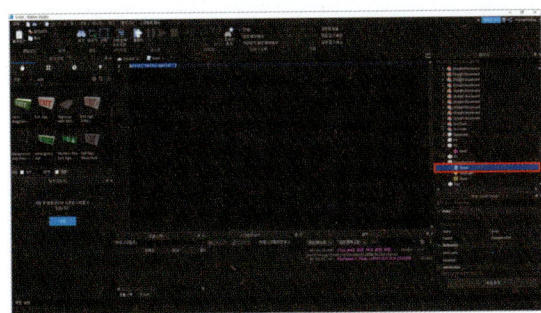

- 로블록스는 'Lua'라는 스크립트언어를 이용하여 코딩합니다.
- 'Lua'는 강력하고 빠르며, 가벼우면서도 다른 언어에 이식하기 좋은 스크립트언어입니다.
- 기본 입력값인 print("hello world!")는 삭제합니다.

⑨ 다음 사이트에 접속합니다. https://github.com/chungwhoong/roblox

- 'EmergencyExit.lua' 스크립트 파일을 찾아서 클릭합니다.

⑩ 'Raw' 버튼을 클릭합니다.

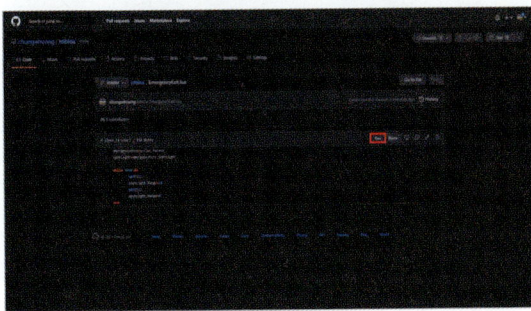

⑪ 코드 전체를 선택 후 복사합니다.

- 'Ctrl+A'로 모든 코드를 선택합니다.
- 'Ctrl+C'로 선택한 코드를 복사합니다.

⑫ 다시 로블록스 스튜디오로 돌아와 Script에 복사한 코드를 붙여넣기 한 후 테스트합니다.

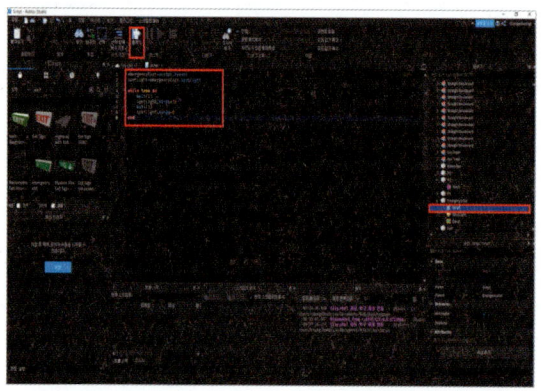

- 비어 있는 Script에 복사한 코드를 붙여넣기(Ctrl+V) 합니다.
- '플레이'버튼을 클릭하여 동작여부를 확인합니다.

⑬ 초록색 불빛이 켜졌다 꺼지는 것을 볼 수 있습니다.

⑭ 이제 'EmergencyExit' 객체를 여러 개 복제하여 원하는 위치에 배치합니다.

04 가상 화재대피훈련을 실시하자!

지금까지 기본적인 학교환경을 꾸며보았습니다. 이제는 화재대피훈련을 위한 화재발생현장을 제작해 보겠습니다. 초기 화재가 발생할 경우 비상구를 통해 안전하게 밖으로 대피하는 것이 화재대피훈련의 목적인데요. 긴박한 화재현장을 구현하기 위해서 불씨를 여러 곳에 발생시키고 가상으로 화재대피훈련까지 진행해 보겠습니다.

04.01 불씨 제작 및 코딩하기

큰 화재의 시작은 작은 불씨입니다. 탈 물질이 가득한 휴지통에 작은 불씨가 발생하면 순식간에 불길은 걷잡을 수 없이 커지는 경우가 많습니다. 이런 상황을 로블록스 스튜디오에서 구현해 보겠습니다.

① 교실에 비치된 쓰레기통(Sus Trash)을 선택 후 하위객체 'Top' 우측의 '+' 버튼을 클릭합니다.

② 'Top'의 하위객체로 'Fire'를 선택합니다.

현장감 넘치는 로블록스 안전체험! 195

③ 쓰레기통에 불이 붙은 걸 볼 수 있습니다.

④ 우선 불꽃을 없애겠습니다. 'Fire'의 속성에서 'Enabled' 체크를 해지합니다.

- 체크를 해지하면 불꽃이 사라지는 것을 볼 수 있습니다.

⑤ 'Fire'의 오른쪽 '+'버튼을 클릭 후 하위 개체로 'Script'를 선택합니다.

⑥ Script의 이름을 'FireOutBreak'로 변경합니다.

⑦ 'Script'를 더블클릭한 후 기본 입력값을 삭제합니다.

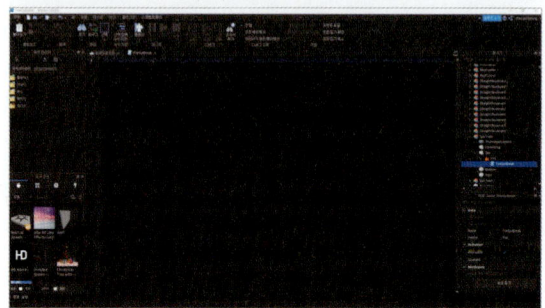

⑧ 다음 사이트에 접속합니다. https://github.com/chungwhoong/roblox

- 'FireOutBreak.lua' 스크립트 파일을 찾아서 클릭합니다.

⑨ 'Raw' 버튼을 클릭합니다.

⑩ 다음의 코드를 전체 선택 후 복사합니다.

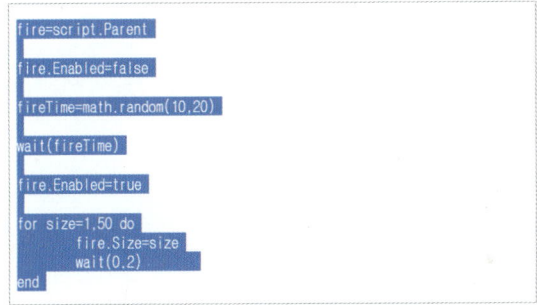

```
fire=script.Parent
fire.Enabled=false
fireTime=math.random(10,20)
wait(fireTime)
fire.Enabled=true
for size=1,50 do
        fire.Size=size
        wait(0.2)
end
```

⑪ 'FireOutBreak' Script개체에 붙여넣기 합니다.

- 스크립트는 임의의 시간(10초~20초) 후 불길이 점차 커지도록 코딩하였습니다.

⑫ 불꽃이 번지는 효과를 확인하기 위해서 시작 지점을 지정합니다.

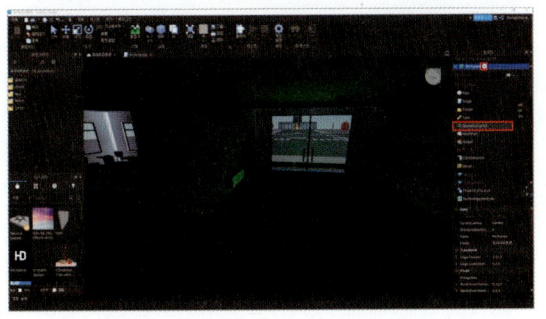

- 우측 탐색기에서 'Workspace'을 찾은 후 우측 '+'버튼을 클릭합니다.
- 'SpawnLocation'을 선택합니다.

⑬ 생성된 'SpawnLocation'이 화면에 보이지 않습니다. 'SpawnLocation' 선택 후 'F' 키를 누릅니다.

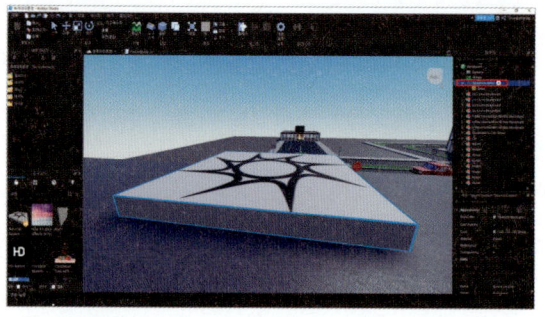

- 'F' 키는 'focus'의 약자로 현재 개체가 있는 위치로 화면이 전환됩니다.

⑭ 이동키(Ctrl+2)를 통해 쓰레기통이 있는 교실로 'SpawnLocation'을 이동시킵니다.

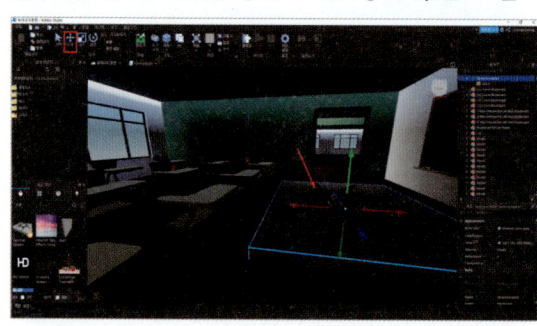

- 'SpawnLocation'의 위치를 잡았다면 '플레이'버튼 (F5)을 눌러서 게임을 실행합니다.

⑮ 일정 시간이 지난 후 쓰레기통에서 발생한 불길이 점차 커지는 것을 볼 수 있습니다.

- 불길 확인 후 '중지' 아이콘(Shift+F5)를 누릅니다.

⑯ 이제 불길에 닿으면 체력이 점차 줄어들도록 코딩하겠습니다.

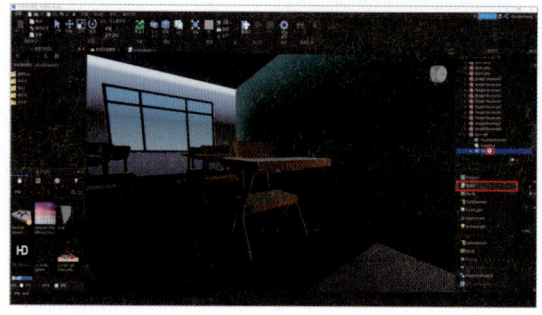

- 'Sus Trash'의 하위 개체 'Top'을 선택합니다.

- 'Top' 우측의 '+'버튼 클릭 후 Script를 선택합니다.

⑰ Script의 이름을 'FireDamage'로 바꾸고 기본세팅인
 'print("hello world!")'를 삭제합니다.

⑱ 다음 사이트에 접속합니다. https://github.com/chungwhoong/roblox

- 'FireDamage.lua' 스크립트 파일을 찾아서
 클릭합니다.

⑲ 'Raw' 버튼을 클릭합니다.

⑳ 다음의 코드를 전체 선택 후 복사합니다.

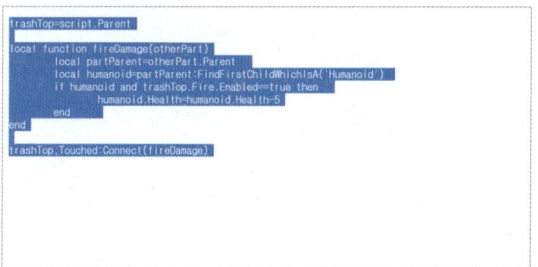

㉑ 'FireDamage' Script에 붙여넣기 한 후에 '플레이'
 버튼을 클릭하여 테스트합니다.

㉒ 불에 닿는 순간 플레이어의 체력이 점차 고갈되는
 것을 볼 수 있습니다.

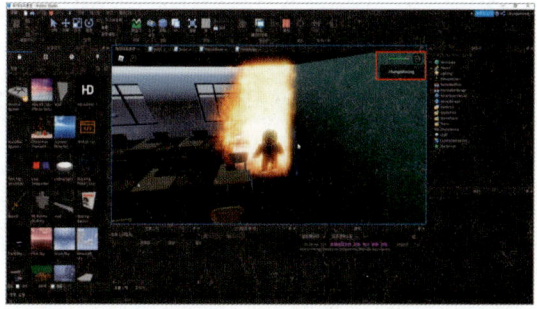

현장감 넘치는 로블록스 안전체험! **199**

㉓ 다음으로 불타는 소리 효과를 넣도록 하겠습니다.

1. Top을 선택합니다.
2. 도구상자에서 오디오를 선택합니다.
3. 'fire sound effect'로 검색합니다.
4. 36초짜리 소리파일을 클릭합니다.

㉔ 'Fire sound effect'가 'Top' 하위 개체로 포함된 것을 볼 수 있습니다.

㉕ 'Fire sound effect' 우측의 '+'버튼을 클릭 후 'Script'를 추가합니다.

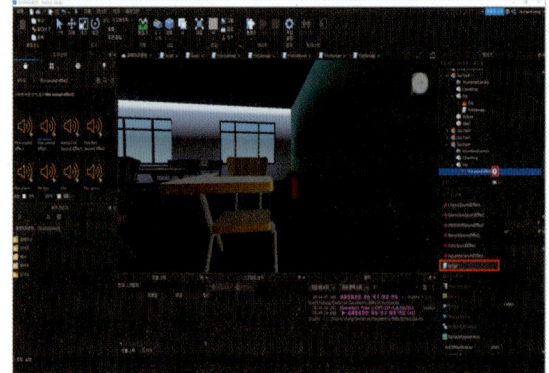

㉖ 'Script'의 이름을 'FireSoundEffect'로 변경한 후 기본 세팅된 명령어를 삭제합니다.

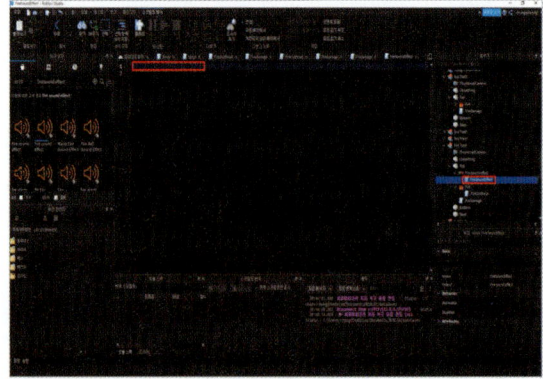

㉗ 다음 사이트에 접속합니다. https://github.com/chungwhoong/roblox

- 'FireSoundEffect.lua' 스크립트 파일을 찾아서 클릭합니다.

㉘ 'Raw' 버튼을 클릭합니다.

㉙ 다음의 코드를 전체 선택 후 복사합니다.

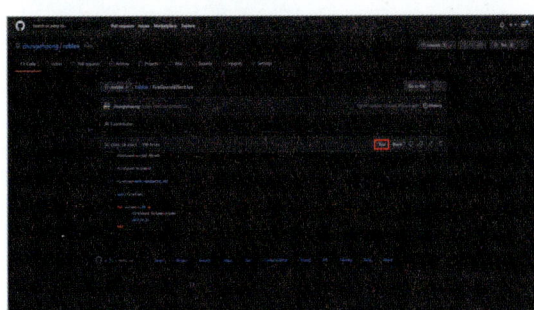

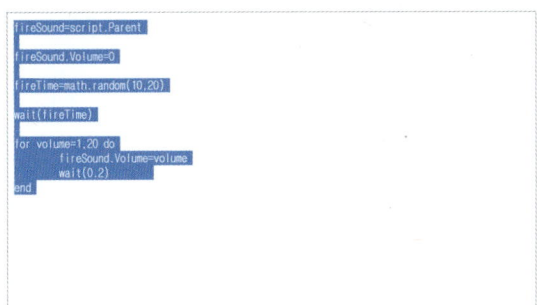

```
fireSound=script.Parent
fireSound.Volume=0
fireTime=math.random(10,20)
wait(fireTime)
for volume=1,20 do
        fireSound.Volume=volume
        wait(0.2)
end
```

㉚ 'FireSoundEffect' Script에 붙여넣기 한 후에 속성에서 'Looped'와 'Playing'를 체크합니다.

- 'Fire sound effect'의 속성에서 Looped와 Playing을 체크하여 활성화시킵니다.

㉛ '플레이' 버튼을 클릭 후 효과음이 제대로 들리는지 확인합니다.

- 불길이 번지기 시작하는 시점과 거의 비슷하게 불타는 소리가 점점 커지면서 들리기 시작합니다.

㉜ 이제 쓰레기통(Sus Trash)을 여러 개 복제합니다. (Ctrl+D)

㉝ 복제된 쓰레기통(Sus Trash)을 다양한 위치에 배치한 후 '플레이' 버튼을 클릭합니다.

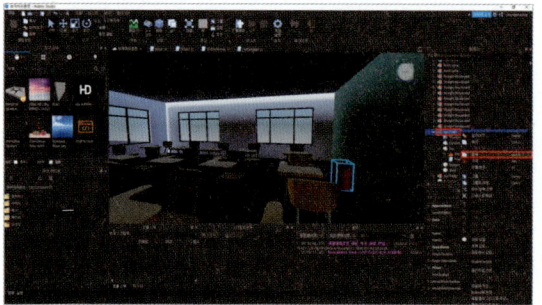

㉞ 실제 화재 현장과 같은 상황을 볼 수 있습니다. 이로써 화재 발생 현장을 만들어 보았습니다.

04.02 화재대피 가상훈련하기

지금까지 제작한 화재대피 훈련체험장에 친구를 초대하여 함께 화재대피훈련을 받을 수 있습니다. 실제 한 반의 학생 수만큼 초대하여 진행한다면 실제 같은 화재대피훈련이 될 것입니다. 그럼 지금부터 화재대피 가상훈련을 실행 후 친구를 초대하여 함께 즐기는 방법에 대해 알아보겠습니다.

① 지금까지 제작한 환경을 저장합니다.

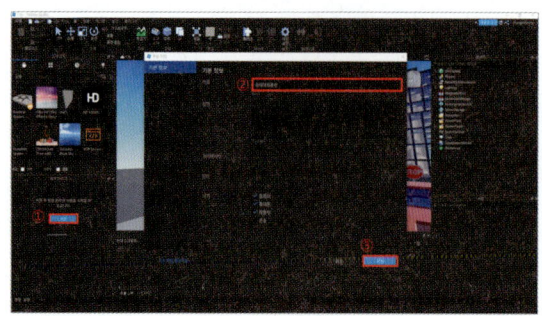

1. '애셋 관리자'의 저장 버튼을 클릭합니다.
2. 기본 정보의 이름에 '화재대피훈련'이라고 입력합니다.
3. '저장' 버튼을 클릭합니다.
- 애셋 관리자가 보이지 않을 경우 상단 '보기'탭에서 '애셋관리자를 찾아 클릭하면 됩니다.

② 'Roblox에 저장' 및 'Roblox에 게시'를 차례대로 클릭하여 서버에 저장합니다.

③ 게임설정에 들어가 권한을 설정합니다.

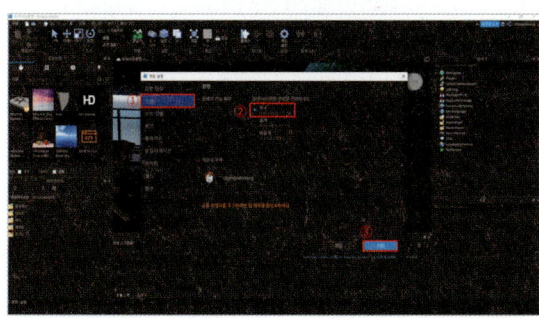

1. '권한' 탭을 클릭합니다.
2. 플레이어 허용 범위를 선택합니다. 친구와 공개 중 자신이 원하는 공개범위를 선정합니다.
3. '저장'버튼을 클릭합니다.

④ 로블록스 홈페이지에 로그인 후 내가 만든 플레이스로 들어갑니다.

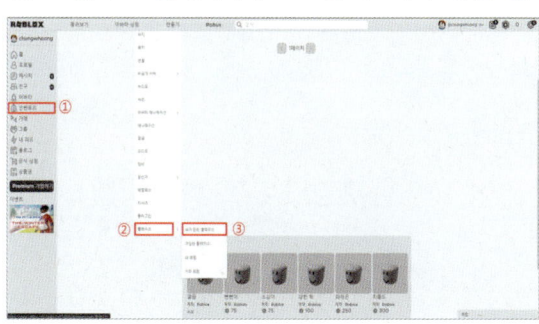

1. '인벤토리'를 클릭합니다.
2. '플레이스'를 클릭합니다.
3. '내가 만든 플레이스'를 클릭합니다.

⑤ 내 인벤토리에서 '화재대피훈련'을 클릭합니다.

⑥ 플레이 버튼을 클릭합니다.

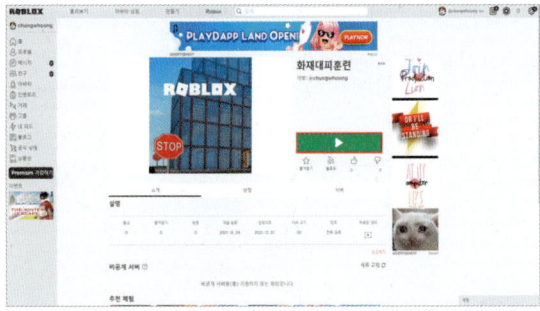

⑦ 메타버스 속 화재대피훈련이 시작되었습니다. 친구를 초대하여 함께 훈련을 시작합니다.

- 왼쪽 상단의 아이콘을 클릭합니다.

⑧ '친구 초대' 클릭 후 친구로 등록된 아이디를 클릭합니다.

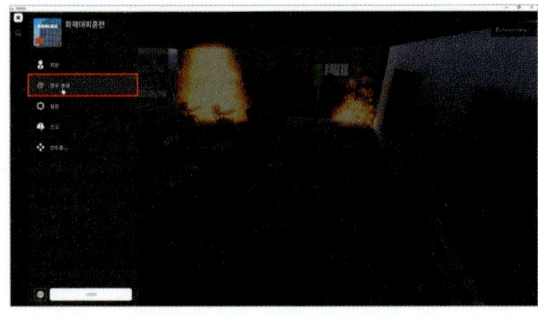 

⑨ 초대를 받은 친구는 로블록스 홈페이지에 접속 후 우측 하단의 채팅창을 클릭합니다.

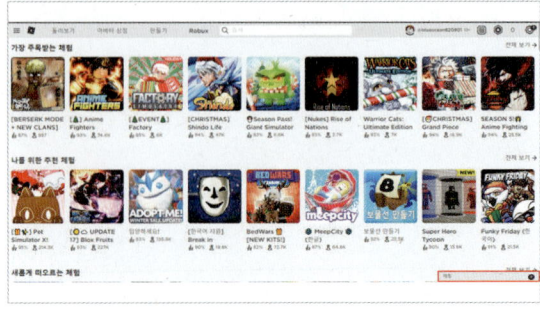